NOTICE HISTORIQUE

SUR LA

PAROISSE DE LAPALUD.

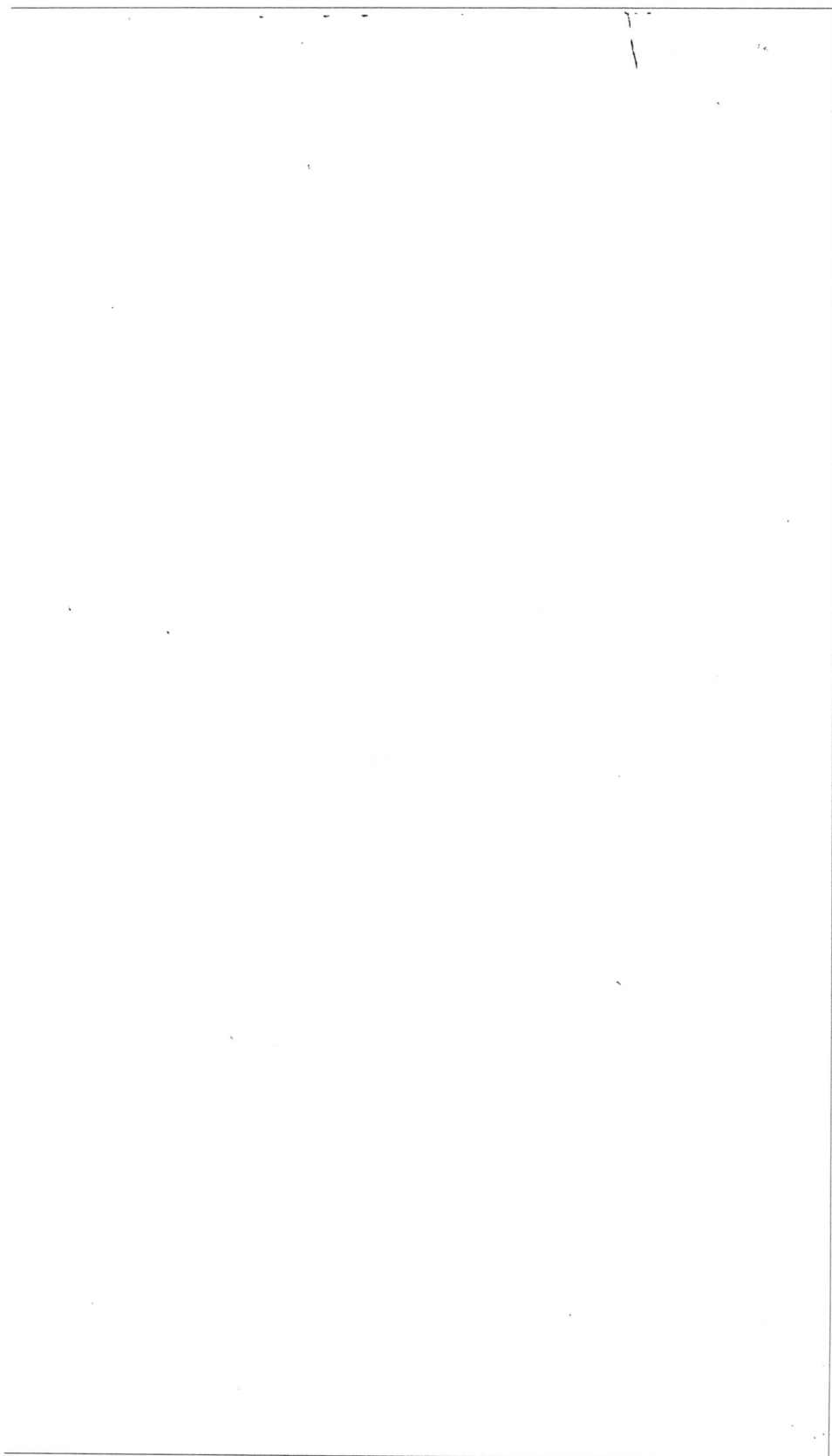

NOTICE HISTORIQUE

SUR

LA PAROISSE

DE LAPALUD

(VAUCLUSE)

POUR SERVIR A L'HISTOIRE RELIGIEUSE
DE CE DÉPARTEMENT

PAR

M. l'Abbé ROSE

Curé de Lapalud

CHANOINE HONORAIRE D'AVIGNON, CHEVALIER DE LA LÉGION-D'HONNEUR.

CARPENTRAS

IMPRIMERIE DE L. DEVILLARIO

1854

Ora stando che la *Parrochia* abbia una concreta, e obiettiva unità, la lode data alle varie parti di essa, dee in un certo modo ridondare sul tutto e accrescerne lo splendore per via del mutuo riverbero di quelle: come molte fiamelle che riunite in una sola face, gittano una luce più bella e più viva.

« Et d'autant que la Paroisse, comme tous les êtres collectifs, jouit d'une unité concrète et objective, le soin que l'on a de mettre en relief chacune de ses parties doit aussi mieux faire ressortir le tout, et cela par la mutuelle correspondance des éléments qui le composent; c'est ainsi que plusieurs rayons réunis en un seul faisceau jettent une flamme plus vive et plus belle. »

Vincenzo Gioberti. — *Primato degli italiani*, t. 1, p. 554.

« Je voudrois que chaque seigneur sçût
bien l'histoire de sa famille, et que chaque
particulier sçût mieux celle de sa province
et de sa ville que du reste.....»

FLEURY. *Traité du choix des études*,
page 257.

Cet opuscule, fruit de laborieuses recherches,
n'était dans le principe qu'un simple recueil
de notes sur la paroisse de Lapalud , pour
servir à l'élaboration d'une histoire religieuse
du département de Vaucluse : elles m'avaient
été demandées par un de nos vénérables prélats, ami des lettres et des arts, trop tôt ravi
à l'amour de ses diocésains. Quoique engagé
dans les occupations incessantes du ministère
pastoral, je n'hésitai pas à me conformer à ses

désirs, dans la pensée qu'en contribuant à une œuvre utile à l'Eglise, je pourrais en même temps donner à ma paroisse quelque relief par l'exhibition des faits instructifs de son passé. Quand, plus tard, j'ai voulu coordonner ces notes couchées au hasard dans mes cahiers et grouper systématiquement celles qui avaient un caractère homogène, je me suis aperçu que ce travail embrassait plus de matière que je ne l'avais cru. Alors que faire, sinon choisir ce qu'il y avait d'essentiel et le résumer dans une narration aussi courte que possible, afin de ne pas fatiguer l'attention de mes lecteurs ? C'est ce résumé, divisé en plusieurs articles distincts, que je viens aujourd'hui offrir au public curieux des études rétrospectives, sous le titre modeste de *Notice historique sur la paroisse de Lapalud*.

Après cette déclaration, est-il nécessaire d'avertir qu'on ne trouvera ici ni une histoire ni une chronique ? Une histoire, car elle sup-

pose des faits importants liés entre eux par
les idées dont ils sont en quelque sorte l'*exté-
riorité;* une chronique, car pour remplir sa
mission il lui faut une longue suite de particularités avec lesquelles elle jalonne sa marche
à travers les siècles et les années. Or, comme
les événements m'ont fait défaut et que les
particularités ne sont venues qu'en petit nombre, rien d'étonnant que je n'aie pu me plier
aux exigences rigoureuses de deux genres
d'écrire, qui, pour rester ce qu'ils sont, ont
besoin de se promener au large dans les vastes
champs de l'espace et de la durée.

Sans doute si l'histoire convient aux grandes localités et la chronique aux petites, il est
facile de comprendre que la dernière s'adap-
terait parfaitement à la médiocrité de mon
sujet. Habituée à considérer les objets dans
leurs détails plutôt qu'à les embrasser dans
une vue d'ensemble, la chronique se plaît à
traiter de simples épisodes, et laisse à l'histoire

le soin de décrire ces grandes scènes qui chan-
gent la face d'un pays. Sa sobriété, en fait
d'idées générales, est telle qu'elle préfère à
toute autre chose de fixer son attention sur
un coin du tableau, afin d'en mieux faire ressortir les singularités. Mais ce que sa pensée
perd en extension elle le regagne bientôt en
relief et en formes déterminées. Qui ignore,
par exemple, que les chroniqueurs du moyen
âge, avec leurs allures pleines de verve et de
franchise, savaient peindre d'un seul trait l'esprit d'une époque et la physionomie des personnages qui en faisaient l'ornement? Au reste,
la chronique, dans sa marche, correspond au
caractère même de la pensée scientifique, laquelle, à mesure qu'elle s'éloigne davantage
de l'individualité des choses, perd de son
abondance et de sa concrétion. Placée sur le
terrain des particularités, elle y fait montre
d'une rare énergie, tandis que lorsqu'elle se
fixe sur le terrain opposé, elle s'affaiblit au

point de n'être plus qu'une pâle copie d'elle-
même ; et cela parce que la généralité dont
est capable l'esprit humain se trouve naturellement imparfaite du vice même de ses qualités , avec lequel elle paye la rançon de leur
excellence. Mais enfin il faut à la chronique
un théâtre convenable où elle puisse localiser
son action ; il lui faut des acteurs sur lesquels
elle soit en mesure de faire l'essai de ses appréciations. Si tous ces éléments viennent à
lui manquer, elle est condamnée à l'inaction,
et l'art dont elle dispose devient stérile entre
ses mains.

La nature de ce petit travail consacré à l'u-
tilité de ma paroisse ne m'ayant pas laissé la
liberté du choix entre les deux procédés de
l'histoire et de la chronique, j'ai dû adopter
un terme moyen qui est la seule voie pratica-
ble lorsque les extrêmes se présentent également impossibles. Ainsi ce que j'offre en ce
moment au lecteur n'est qu'une simple col-

lection élaborée au moyen de la synthèse architectonique. Or, quelle est cette synthèse,
sinon l'art de grouper et d'agencer dans le
même cadre des faits isolés, de telle manière
qu'ils puissent former un véritable organisme
plein de vie et d'animation ? Cette opération
est d'une nécessité absolue pour rendre fruc-
tueux les travaux et les résultats d'une recher-
che antérieure, car les collecteurs et les faiseurs
de spiciléges et de miscellanées travailleraient
envain s'il ne se trouvait quelqu'un qui, en
guise d'architecte, réunît les matériaux épars
et s'appliquât à reproduire, selon le plan primitif, l'édifice écroulé qu'il s'agit de rétablir.

PREMIÈRE PARTIE.

I.

DESCRIPTION DE LAPALUD.

Les villes et les bourgs suivent les mêmes phases de développement que les individus de l'espèce humaine. Parvenus à l'état de virilité, ceux-ci s'y maintiennent un certain temps, jusqu'à ce que survienne pour eux l'âge du déclin qui les conduit à la vieillesse et à la mort. Cet âge fatal arrive rarement pour les agglomérations d'hommes, que l'on appelle *Communes ;* celles-ci, en effet, après avoir atteint le point culminant de leur croissance, demeurent stationnaires, sans faire le moindre mouvement en avant sous le rapport de la population ; cette marche, fondée sur la loi qui proportionne dans chaque localité le nombre des habitants à l'étendue et à la fertilité du sol qui doit les nourrir, cette marche, dis-je, on l'observe surtout dans les pays éloignés des grandes lignes de communication ; ceux, au contraire, qui s'en trouvent rapprochés ou que la nature a gratifiés de quelque avantage particulier, doivent à cette heureuse circonstance de pouvoir, après une longue halte, s'élancer dans la carrière du progrès. Telle est la commune de Lapalud dans l'intérêt de laquelle cette Notice est rédigée : forte déjà d'une population de trois mille âmes, elle est en voie de dépasser bientôt ce chiffre, par suite de l'affluence toujours croissante des étrangers attirés par la richesse du sol et par les ventes successives d'anciens domaines seigneuriaux, que les spéculations de la bande noire ont livrés à l'industrie des petits cultivateurs.

Nul lieu peut-être, dans le département de Vaucluse , comparable à Lapalud pour l'agrément et l'utilité de sa position topographique. Un admirable site au milieu d'une vaste plaine traversée, du nord au midi, par une route impériale de première classe et bientôt par un chemin de fer qui doit relier l'Océan à la Méditerranée ; un territoire complanté d'une forêt de mûriers, et susceptible d'être arrosé par les eaux d'un grand canal d'irrigation ; un bourg avec de larges rues qui permettent à l'air de circuler librement ; de belles avenues aboutissant à ses deux principales entrées qui se rattachent l'une à l'autre par un cours intérieur de promenade ; la rue médiane, qui forme la grande artère du pays, devenue un foyer de vie et d'animation qu'entretiennent le roulis continu des voitures privées et publiques, la circulation des véhicules chargés de toute sorte de denrées, et le passage fréquent des troupes qui ne manquent jamais d'y faire leurs haltes obligées : enfin un perpétuel va et vient de piétons tant étrangers que nationaux, dont les costumes variés donnent à cette scène mobile un prestige capable de piquer la curiosité des oisifs qui, comme on sait, escomptent à bon marché les plaisirs de la vue : voilà ce que nos voisins, moins bien partagés que nous, envient à Lapalud avec toute la force de ce sentiment de rivalité qu'exalte le patriotisme local. Ajoutez à ces avantages celui plus précieux encore d'être placé tout près de l'endroit où les routes d'Espagne et d'Italie viennent s'embrancher face à face avec celle de Paris, d'avoir un grand fleuve à ses côtés, et de posséder ainsi *un chemin qui marche,* selon l'heureuse expression de Pascal, et vous jugerez ensuite si un avenir plus ou moins prochain ne réserve pas à cette commune un rôle considérable, sinon sur la scène du monde, au moins sur celle de la contrée.

Lapalud ne remonte pas au delà du moyen âge, ou du moins si son antiquité est plus reculée, aucun titre authentique ne vient en corroborer la preuve. Il ne fut, dans le principe, quant au quartier aggloméré, qu'un vieux manoir des Templiers, autour duquel d'humbles vassaux s'empressèrent de grouper quelques chétives habitations. Son nom lui vient

des marais qui jadis avoisinaient ses remparts : ces
marais n'existent plus, grâce aux travaux d'art qui
ont enchainé les flots impétueux du Rhône. Le bourg
vieux se compose d'une centaine de maisons assez
bien bâties, environnées autrefois d'une ceinture de
murailles avec des tours rondes et carrées de distance en distance. Le bourg neuf est formé d'une
longue file de maisons bordant la grande route, où
des ouvriers de toute espèce préparent les objets nécessaires à l'industrie du roulage. Le reste du pays
consiste en des granges disséminées çà et là par le
caprice des maitres et sans la moindre pensée d'un
système d'alignement; néanmoins l'ensemble de ces
demeures rurales présente un aspect récréatif, d'autant que chacune d'elles est précédée d'un jardin qui
orne ses avenues et fournit encore à la consomma-
tion journalière du ménage. Lapalud releva assez
longtemps de l'épée parfois lourde de ces religieux-
militaires qui l'avaient notablement agrandi, et dont
la seigneurie s'était juxtaposée à côté de celle d'une
antique maison qui possédait dans notre contrée, con-
curremment avec eux, de vastes domaines. Cette maison était celle des Guigues de Moreton et de Chabrillan, qui se rattache par son origine à la dynastie des
Dauphins du Viennois. Après la suppression de l'ordre
par Clément V, la seigneurie de Lapalud se parta-
gea de nouveau entre le Saint-Siége, représenté par
la Chambre Apostolique de Carpentras, et la maison
de Montaigu-Frémigières qui, comme les Moreton,

faisait porter le nom de cette commune aux puinés
de ses enfants; et c'est peut-être à raison de ce par-
tage qu'on ne trouve ici aucun vestige de ces vieux
castels qui attestent que l'homme fort a voulu maîtriser l'homme faible. Le seul édifice, en effet, qui
domine pacifiquement la cité, est la maison de Dieu :
domination, certes, bien légitime, contre laquelle ne
s'insurgeront jamais les esprits raisonnables.

Vu de la plaine du Rhône, Lapalud, avec sa belle
flèche de clocher et sa tour cardinalice, offre à l'ob-
servateur un aspect gracieux. C'est de ce côté, en
effet, qu'il se dessine de la manière la plus pittores-
que. L'étendue de ses faubourgs, qui de loin sem-
blent faire corps avec l'enceinte murée, donne à
celle-ci un air de ville, et de ville importante; mais,
en y entrant, on s'aperçoit bien vite que ce n'était
là qu'une de ces illusions d'optique, un de ces jeux
de perspective dont nos yeux ne sont que trop
souvent la dupe; car alors on est en mesure de
juger que tout cet ensemble d'habitations agglomé-
rées n'a pas une largeur proportionnée à son développement longitudinal. En général les maisons y
sont basses et mal bâties, et un trop grand nombre
d'entre elles y attriste encore la vue par la forme
bizarre de leur construction. Cependant chaque
année voit disparaître quelques-uns de ces taudis
hideux, depuis que le peuple, plus instruit et mieux
rangé, sent le prix d'une demeure salubre et commode. Nul édifice remarquable, dans le vieux bourg,

que l'église paroissiale; la maison Maligeac apparte-
nant à M. de Beaune; celle de M. le général comte
Jullien, assise sur les fondements du cloître des
Templiers (1); et celle enfin du docteur Cérale,
que l'on croit à juste titre avoir été la résidence d'un
ou de deux cardinaux pendant le séjour des papes
à Avignon, ainsi qu'il sera dit ailleurs (2).

Dans cette description de Lapalud je n'ai mentionné que les choses essentielles, pour ne pas tomber
dans des minuties, et afin d'éviter aussi le danger
des exagérations, danger plus commun dans cette
matière que dans celles qui ont un caractère d'uni-
versalité. D'un autre côté, je serais fâché qu'on me
taxât de chercher à faire valoir la *paroisse* aux dépens de la *commune,* sous prétexte qu'en débutant
j'ai déclaré ne pas devoir m'occuper de celle-ci ; car
il y a de par le monde des esprits exclusifs pour qui
la commune est tout et la paroisse si peu de chose,
qu'il faudrait la laisser dans l'arrière plan du tableau.

---

(1) La maison Jullien et la maison Maligeac ont logé, la première comme ami et la seconde comme prisonnier, l'empereur
Napoléon lorsqu'il était général en chef de l'armée d'Italie, et le
duc d'Orléans, père du roi Louis-Philippe, lorsque ce malheureux
prince était traduit de Marseille à Paris devant le tribunal révolutionnaire qui devait le condamner à mort.

(2) Lorsque les Jésuites furent proscrits en France par l'autorité
des parlements, grand nombre d'entre eux vinrent se réfugier dans
le Comtat, où le gouvernement papal les distribua dans les paroisses pour leur donner des moyens d'existence. C'est alors que s'é-
tablit à Lapalud, dans la maison Cérale, une petite communauté
de ces Pères à laquelle l'évêque de Saint-Paul confia la direction
de la cure.

Sans doute, il est bon d'aimer le pays qui nous a vus naître et où se trouvent localisés nos intérêts et nos affections les plus chères ; mais on ne doit pas pour cela se former, en dehors de la réalité, un idéal de commune, auquel il est telle personne qui, par un patriotisme mal entendu, ne craindrait pas de sacrifier non seulement la paroisse avec ses institutions relatives à la morale publique et religieuse, mais encore le repos et le bien-être des citoyens : ce sacrifice est trop absurde et trop déraisonnable pour qu'on trouve beaucoup de gens disposés à le faire. Du reste, la paroisse a ses droits, comme la commune a les siens. La science de l'administration consiste à les si bien ménager, qu'ils puissent se mouvoir dans leur sphère d'activité respective, sans se contrarier mutuellement. Et qu'on ne dise pas, pour justifier le contraire de ce procédé, que la paroisse est à la commune ce que le particulier est au général. J'admets, si l'on veut, le principe, mais en repoussant la conséquence qu'on veut en faire saillir ; car, comme dans tout ordre de choses, le général ne peut et ne doit nuire au particulier, ni celui-ci au général : comme l'un des deux termes, s'il est concret, positif, réel, et non le produit de l'abstraction, suppose et contient l'autre, de là cette conséquence qu'autant il serait déraisonnable de sacrifier la commune à la paroisse, autant il serait absurde de sacrifier celle-ci à la commune. Ainsi donc que chacune sauvegarde ses droits et ses attributions, sans oublier

que le bonheur d'un pays dépend de la bonne harmonie et de l'entente cordiale du clergé avec les
magistrats.

II.

ÉTAT RELIGIEUX DE LAPALUD DANS L'ANCIEN RÉGIME.

M'ÉTANT proposé d'écrire cette Notice au point de
vue clérical, j'ai dû diriger mes recherches moins
du côté des choses civiles que de celui de leurs
contraires, d'autant qu'il est facile de se procurer
une notion exacte des premières, en consultant la
statistique départementale et les documents que l'autorité civile tient à la disposition des amateurs. En
ce qui touche donc son état religieux, Lapalud, dans
l'ancien régime, appartenait au diocèse de Saint-
Paul-Trois-Châteaux, réputé l'un des plus réguliers et
des mieux organisés de la province d'Arles. Placée
sous le patronage du chapitre cathédral qui l'envisa-
geait comme le plus beau fleuron de sa couronne seigneuriale, cette paroisse lui offrit dès le principe une
riche dixmerie dont le produit alimentait largement
le trésor de la mense capitulaire. Jalouse de remplir
ses charges et d'escompter en œuvres pies sa reconnaissance, la vénérable compagnie protégeait le
clergé local auprès de l'évêque, soldait les frais du

culte, payait les employés, fournissait la sacristie
d'ornements convenables, et chargeait chaque année
l'un de ses dignitaires d'aller officier à la fête prin-
cipale du patron ; car, dans les chapitres qui jouis-
saient d'un droit de prélature sur une commune, il
était d'usage de se réserver certains jours pour
l'exercice de leurs prérogatives honorifiques. Ainsi,
à la fête du 1er août, le prévôt de Saint-Paul, accompagné de quelques chanoines, avait coutume de
venir à Lapalud, afin de présider à la procession et
aux offices de cette grande solennité (1). Alors,
comme on le pense bien, les cérémonies paroissiales
prenaient des proportions grandioses, d'autant que,
d'un côté, la maîtrise de la cathédrale suivait le chef
du chapitre dans sa pieuse excursion, et que, de l'autre, un clergé nombreux venait lui servir d'auxiliaire.
De là, il est aisé de comprendre que les rapports que
Lapalud soutint autrefois avec la ville précitée ne
découlaient pas seulement de l'ordre hiérarchique,
mais qu'ils étaient encore fondés sur les devoirs de
protection que l'évêque et le chapitre étaient tenus
de remplir envers une paroisse qui s'était acquis tant
de titres à leur bienveillance ; et c'est grâce peut-
être à la tendre sollicitude de ces sommités cléricales
qu'elle a eu l'avantage, au 16e siècle, d'échapper aux
pièges de la réforme calvinienne que la cité tricas-

---

(1) Il est constaté, dans les registres de la paroisse, que Jean de
Nicolaï, évêque d'Apt, y était venu en qualité de prévôt de Saint-
Paul-Trois-Châteaux pour officier à la fête de S. Pierre ès-liens.

tine vit éclater dans son sein, malgré les nobles efforts de ses prélats.

Ici on se demande quelle était la cause de ce mouvement fatal qui précipitait tant de populations vers
le schisme et l'hérésie, mouvement dont le résultat
définitif s'est résumé dans la séparation d'une bonne
partie de l'Europe d'avec l'Église romaine ? Cette
cause est facile à comprendre, quand on se rappelle
à quel degré de corruption s'étaient élevés les hommes chargés de diriger les intérêts de l'une et de
l'autre. Les écrivains de l'époque, quoique d'humeur
fort diverse, nous en donnent une preuve manifeste,
car la littérature est comme un miroir où viennent
se refléter les tendances et les instincts généraux de
la société contemporaine. S'ils avaient seulement
tourné les licences de leur fantaisie contre les cours
corrompues et les guerres impies de leur temps, ils
ne mériteraient que des louanges ; mais leurs dia-
tribes contre les mœurs et la religion sont dignes du
blâme le plus sévère.

La seule excuse qu'on pourrait invoquer en leur
faveur, non pour les justifier mais pour atténuer
leur faute, est l'esprit sceptique du siècle où ils vi-
vaient, les graves abus disciplinaires introduits dans
les choses saintes, la décadence civile et morale de
la France, la triste dynastie des Valois et la dépra-
vation universelle des cours de l'Europe. Quelques
auteurs, il est vrai, prirent en main la défense de la
foi antique ; mais il est facile de s'apercevoir que

sous leur plume l'idée fait défaut ou qu'elle ne brille
que d'une lueur douteuse, parce que l'astre venait
de s'éclipser sous les nuages amoncelés par la re-
naissance qui était un retour de l'esprit païen de
l'antiquité. Quand on pense que le célèbre poëme de
l'Arioste, dont certaines pages sont telles que les
écrivains les moins discrets n'oseraient pas les livrer
à l'impression dans les pays même où la presse est
libre, fut écrit par un adroit courtisan et dédié à un
cardinal de race princière, on peut se faire une idée
de la piété et de la décence qui régnaient à la cour
de Ferrare. Faut-il s'étonner ensuite qu'au milieu
d'une si grave altération de l'esprit religieux parmi
les catholiques, certains hommes, plus austères que
sages, se soient laissé séduire par les fallacieuses pro-
messes des novateurs, et que ce genre de séduction
ait envahi le cabinet des savants, comme le palais
des princes? Sans doute, le clergé était d'une trop
forte trempe pour donner dans le piège de la mys-
ticité vaporeuse et mélancolique du premier protestantisme; mais il ne sut pas également se mettre en
garde contre les profanes amorces des lettres anti-
ques, où le bon marche de pair avec le mauvais; ni
se prémunir contre les malheurs des temps durant
lesquels la splendeur de l'idée chrétienne, obscurcie
par le vice du cœur, n'était plus qu'une lumière chétive, pareille à celle qui luit derrière un épais transpa-
rent pour éclairer nos pas dans l'obscurité de la nuit.

III.

ÉGLISE PAROISSIALE.

Le vœu que l'abbé Fleury a formulé dans l'épigraphe de cette Notice ne me paraît pas complet, et afin de le rendre tel, j'y ajouterais volontiers, comme accessoire obligé, le désir que chaque paroissien connût, aussi bien que possible, l'histoire de sa propre église. Serait-ce, en effet, trop exiger des habitants d'une commune qu'ils s'étudiassent à grouper dans leur mémoire les particularités intéressantes qui se rattachent à ce lieu vénéré où chacun d'eux a été initié à la vie de la grâce par le baptême, à la vie intellectuelle par la communion, à la vie sociale par le mariage? Quel serait le fruit que produirait l'accomplissement de ce dernier vœu? Il est facile de le prévoir. Les églises paroissiales, couronnées alors d'une classique auréole, seraient aussi plus respectées, et ce nouvel élément de respect, exploité dès l'âge le plus tendre, sauvegarderait ces édifices mieux que ne sauraient le faire tous les arrêtés émanés des mairies ou des préfectures.

Chargé depuis plus de vingt-cinq ans de la desservance de la paroisse de Lapalud, j'ai regardé

comme un de mes premiers devoirs de veiller à la
bonne tenue du temple assigné à mes fonctions,
et à ce que rien n'altérât son caractère primitif; car
la conservation de tout ce qui est ancien doit être
presque une religion pour tous les peuples civilisés.
Il y a je ne sais quoi de sublime dans les traces des
générations qui ne sont plus : les effacer, c'est effacer nos souvenirs, c'est en quelque sorte répudier
l'héritage du passé. Or, qu'ai-je fait pour rendre
plus vénérable aux yeux de mes administrés l'église
de leur paroisse ? pas autre chose que de leur en
présenter souvent l'histoire, histoire encadrée dans
le récit si attrayant des institutions du moyen âge.
Ce procédé m'a réussi à merveille et a plus fait pour
la conservation artistique de la maison de Dieu que
les mesures de police les plus habilement calculées;
tant il est vrai qu'il y a dans les masses populaires
beaucoup de nobles cœurs qui n'ont besoin que d'être
ébranlés par la voix amie du pasteur pour comprendre le beau et se mettre à l'unisson des hautes intelligences. Ici, sans évoquer mes réminiscences de la
chaire relatives à l'église de Lapalud, je me bornerai
au simple détail des choses qui peuvent aider l'imagination à se la représenter.

La tradition la plus constante à l'égard de cette
église est celle qui en attribue la bâtisse aux Templiers : c'est l'unique legs que le pays ait recueilli
dans l'immense succession de ces religieux militaires enrichis outre mesure par les largesses des

fidèles. Notablement restauré et agrandi en 1827, cet
édifice, avec son ornementation bien entendue, ses
autels de marbre, son baptistère élégant, ses vitraux
coloriés, ses insignes de la dédicace, serait d'un joli
aspect, si la tribune construite au-dessus de la porte
ne faisait une trop forte saillie dans l'intérieur de la
nef. Comme monument d'art, il n'a de remarquable
que le clocher qui couronne la façade avec une sorte
de pompe. C'est une lanterne ou tour carrée à ouvertures ogivales, au-dessus de laquelle se dresse
une élégante flèche avec ses merlets enjolivés de
détails de fantaisie qui paraissent appartenir au règne végétal. Des piles saillantes, soutenues par des
encorbellements et engagées dans le massif de la
tour, embrassent ses arêtes et supportent quatre petites flèches qui, au regard de la première, paraissent
d'humbles vassales heureuses de s'amoindrir en présence de leur suzeraine. Enfin, un peu au dessus de
l'arc des fenêtres, se développe une galerie non évi-
dée, d'où le spectateur promène avec sécurité ses
regards sur la vaste plaine qu'arrosent les flots du
Rhône. Ce clocher est de beaucoup postérieur à l'é-
glise, car celle-ci datant du 10e siècle, affecte les
formes du style roman, quoique la voûte de la grande
nef soit légèrement ogivale, tandis que celui-là présente les formes sveltes et fantastiques du style mau-
resque usité aux 14e et 15e siècles.

Des recherches superficielles me portèrent d'abord
à croire qu'il avait été bâti par l'un des deux cardi-

naux qui venaient passer leur villégiature à Lapalud
pendant le séjour des papes à Avignon. Mon opinion
reposait, tant sur le fait notoire de l'insuffisance de
la commune à entreprendre et à mener à fin une
œuvre si grandiose, que sur la certitude historique
de la demeure de ces dignitaires en ce pays, et sur
la probabilité d'un grand acte de munificence de leur
part en faveur de ses habitants. Mais un examen plus
consciencieux n'a pas tardé à me faire comprendre
que cette opinion était erronée et quant à la date du
monument et quant à son auteur. Ainsi, on verra
bientôt, dans l'article qui va suivre, que pour dégager les deux inconnues du problème que l'on pose
sur la fondation de ce clocher, il faut d'un côté descendre plus bas, et de l'autre monter plus haut :
descendre plus bas pour rencontrer une date plus
récente ; monter plus haut pour arriver à un personnage encore plus élevé en dignité.

A l'opposite de Lapalud, sur la rive droite du
Rhône, on voit se détacher, du flanc de la première chaîne des montagnes qui découpent le Vivarais, on voit se détacher, dis-je, la flèche du clocher de Saint-Marcel-d'Ardèche, berceau du cardinal
de Bernis. Ce campanille ressemble tellement au
nôtre, qu'il faut croire que le plus ancien a servi de
type à son voisin. Si l'un des deux est le fruit de
cette rivalité de commune à commune, source des
plus heureuses améliorations, l'amour-propre municipal aura été cette fois bien inspiré, car il vaut

mieux imiter le beau qui existe, que de faire du
neuf marqué au coin de la médiocrité.

(Voir, à la fin du volume, la note sur le clocher.)

IV.

FONDATION DU CLOCHER PAROISSIAL.

QUAND, dès la première idée de cette notice, j'ai
attribué la bâtisse du clocher de mon église à quelque grand personnage, ç'a été de ma part une simple
conjecture ; mais il m'a paru licite de la faire, parce
que j'en ai trouvé la raison suffisante dans la forme
même de ce monument qui, avec son luxe d'architecture, accuse une main plus puissante que celle de
la commune, bien chétive alors en comparaison de
ce qu'elle est devenue depuis. L'archéologie, comme
l'histoire, se nourrit de conjectures quand les faits
et les documents manquent à ses appréciations. L'art
des conjectures correspond à celui des hypothèses
dans les sciences naturelles et dans la philosophie ·
leur utilité est immense quand l'usage en est
légitime, et n'auraient-elles d'autre résultat que de
provoquer de nouvelles recherches de la part des
hommes compétents, le service qu'elles rendraient.

sous ce rapport, à la science, ne serait pas à dédaigner. Mais pour ne pas s'égarer au sein d'une vaste mer et n'y pas faire naufrage, cet art doit prendre les règles pour gouvernail, et la critique hypothétique, je veux dire la science de l'incertain, doit être l'humble servante du certain dont les faits généraux, passés à l'état de principes, sont l'élément fondamental. Former des conjectures en dehors de ces conditions, c'est faire dégénérer l'art en une véritable sophistique.

Après ces réflexions dont l'opportunité n'est pas douteuse, je reviens à mon sujet. Un examen plus minutieux du clocher paroissial n'a pas tardé à me fournir la preuve authentique de la justesse de mes prévisions. En effet, dans l'intérieur de cet édifice, un peu au-dessous de l'endroit où reposent les premières assises de la flèche, on voit quatre écussons finement travaillés, dont le premier représente les armes de la Révérende Chambre Apostolique de Carpentras, qui était, comme on sait, *seigneuresse* et haute dame de la commune de Lapalud. Le second, formé d'une branche de chêne, représente les armes du cardinal Du Roure, devenu pape sous le nom à jamais célèbre de Jules II. Le troisième porte une feuille végétale dont l'espèce n'a pu être déterminée. Enfin le quatrième ne porte aucun signe héraldique. D'où il est permis de conclure que la Chambre Apostolique de Carpentras et le cardinal Du Roure, l'une à titre obligé et l'autre à titre gratuit, ont simultanément contribué à la fabrique du clocher, sans que la commune ait intervenu dans la dépense, d'autant que son blason n'y figure point. Voici, d'après Fantoni, un extrait de la biographie de ce cardinal qui siégeait à Carpentras en 1457.

Julien de La Rovère ou Du Roure, natif de Savone dans l'état de Gênes, fut d'abord nommé évêque de Carpentras, puis créé cardinal du titre de S. Pierre ès-liens par son oncle Sixte IV, en 1471. Il gouverna l'église de Saint-Siffrein pendant trois ans, après lesquels eut lieu sa translation au siége d'Avignon, érigé à son profit en archevêché par le même Sixte IV. Elevé à cette haute dignité, il ne lui manquait plus que celle de chef politique du Comtat pour réunir en sa personne la double autorité spirituelle et temporelle dans ce pays soumis à la domination du Saint Siége. Cette heureuse réunion s'accomplit, selon ses désirs, par sa nomination à la dignité de légat apostolique, dont il jouit jusqu'à ce que, ayant été à Rome, il y fut élu pape sous le nom, comme on l'a dit, de Jules II.

Il y a ici une remarque à faire, c'est que le cardinal Du Roure avait pour titre *S. Pierre ès-liens,* qui est le vocable de la paroisse; sur quoi deux questions peuvent être posées. Est-ce en suite de l'acte de munificence de ce cardinal en faveur des habitants de Lapalud que ceux-ci, animés d'un sentiment de reconnaissance, auraient adopté pour leur église le titre de son bienfaiteur, ou bien l'église de

Lapalud, étant déjà placée sous ce vocable, les habitants auraient-ils argué de cette circonstance auprès du cardinal pour le déterminer à venir à leur secours dans la fabrique du clocher paroissial? Permis à chacun d'embrasser l'une ou l'autre de ces alternatives, car rien, dans l'histoire du Comtat ni dans la tradition locale, qui soit de nature à faire pencher la balance d'un côté plutôt que de l'autre.

Mais puisque la grande figure de Jules II appartient, sous plusieurs rapports, à notre département, il ne sera pas hors de propos de consigner ici la belle esquisse qu'en a tracée la savante plume de M. l'abbé Gioberti, dans son *Primato degli italiani* (1).

« Au milieu, dit-il, de cette foule de médiocrités » qui paraissent sur la scène du monde, au commen- » cement du 16ᵉ siècle surgit un homme admirable » dans sa rude simplicité, et digne d'être comparé » aux plus grands noms des meilleures époques de » l'histoire. Le génie moral de Jules II, tel qu'il a été » tracé avec une si noble hardiesse par Guichardin, » vous rappelle la figure terrible de ce grand pon- » tife dessinée par Raphaël avec le pinceau de Michel- » Ange. Ce qui plait et vous transporte dans Jules II, » ce qui en a fait un des personnages les plus sin- » guliers de l'histoire, c'est la mâle simplicité de son » cœur, la rude énergie de son âme, l'incroyable

(1) Prolegomeni del Primato, t. I, p. 506-507.

» audace de ses pensées, le mépris des dangers, la
» tenacité dans les résolutions, et surtout cette vigou-
» reuse trempe de caractère qui lui faisait prendre
» de nouvelles forces en face des obstacles, et, com-
» me l'Antée de la fable, le faisait relever de ses dé-
» faillances avec plus de vigueur qu'auparavant.

     » Ces qualités, poursuit le même écrivain, étaient
» embellies en lui par une naturelle antipathie contre
» tout ce qui avait l'apparence de la feinte et de la
» dissimulation, par une libéralité plus que royale,
» par une générosité magnanime envers les vaincus,
» par une vive prédilection à l'égard des classes
» moyennes, qui aiment toujours l'ordre avec le pro-
» grès, par une constante opposition à l'égard des
» classes privilégiées, qui aiment trop souvent l'un
» sans l'autre, et enfin par un amour de l'indépen-
» dance italienne qui lui avait inspiré la grande pen-
» sée d'affranchir la Péninsule de toute domination
» étrangère, pensée qui, en animant les dernières
» années de son pontificat, amnistie les fautes des
» premières. Mais Jules II, quoique animé de l'esprit
» laïque de son siècle, ne fut pas moins prêtre et pon-
» tife, et son exemple prouve comment à cette époque
» la vie, en se retirant des classes séculières et en
» passant au sacerdoce, avait fait retour au principe
» d'où elle émane.... »

     Jules II n'est guère connu en France que par ses
démêlés avec Louis XII qui, lui aussi, comme l'Au-
triche de nos jours, avait voulu courber sous son

sceptre la nation italienne. On ne peut nier que sous
ce rapport bien des préventions ne soient restées,
contre ce pape, dans l'esprit d'un très grand nombre
de personnes imbues du gallicanisme de nos anciens
parlements ; mais des protestations éloquentes sur-
giront toujours en sa faveur du sein de notre département où sa gloire est demeurée intacte, parce qu'il
y a été mieux connu et plus dignement apprécié.
Là, en effet, l'éclat de ses qualités et la magnificence
avec laquelle il avait en quelque sorte préludé aux
vertus princières du souverain pontificat, sont at-
testés par deux villes considérables qui s'applaudi-
ront à jamais de voir son nom figurer dans le cata-
logue de leurs prélats.

J'ai dit plus haut que le blason de la commune
de Lapalud brillait par son absence au milieu de ceux
qui ont été mentionnés. Il faut dire un mot du premier, d'autant que la connaissance des signes hé-
raldiques tombe dans le domaine de l'histoire. Quand
un culte perd de son crédit et voit diminuer la ferveur de ses adhérents, les belles parties qu'il renfer-
me le font passer à l'état de poésie; alors on entre
dans les temples non pour y adorer la divinité qui
ne les anime plus, mais pour y étudier simplement
dans ses formes diverses les progrès de l'art, ou
mieux encore pour y puiser les vives émotions dont
se nourrit le génie poétique. Ainsi en est-il à peu
près de la science héraldique ; quand l'immensité
de ses recueils a cessé d'être le musée de la vanité

des classes privilégiées, ils ne méritent pas pour cela
le mépris des penseurs et des philosophes, car leur
utilité est d'autant plus grande que seuls, le plus
souvent, ils sont capables de fournir les moyens de
résoudre les problèmes compliqués que se pose l'histoire. Sous ce rapport, on ne saurait douter de l'importance qui s'attache à l'étude des blasons, soit qu'ils
appartiennent aux anciennes familles dominantes
dans le pays, soit qu'on les attribue aux communes
jadis soumises à leur vasselage. L'écu armorial de
Lapalud, comme tant d'autres objets d'art, avait sauté
en éclats sous le choc violent du marteau révolutionnaire. De nos jours on ne se souvenait plus des détails symboliques qui en ornaient l'intérieur. Cependant, après maintes recherches, j'ai eu la satisfaction
d'en retrouver, sur un vieux document, une empreinte bien conservée. Les insignes qu'on y remarque sont les suivants : sur un champ de gueules une
ancre de vaisseau partant du sommet de l'écu et
descendant jusqu'à sa base, ayant sur le milieu de
sa tige les deux clefs papales fixées en sautoir (1).
Ainsi il paraîtrait que pour témoigner de son entente
cordiale avec sa haute dame et *seigneuresse*, la commune de Lapalud aurait joint à ses armes primitives

---

(1) Autant qu'il est permis d'en juger par l'empreinte que j'ai
découverte dans les archives de M. le comte de Maligeac, le blason
de Lapalud peut être traduit de la manière suivante : *De gueule à
l'ancre d'azur, avec deux clefs en sautoir au milieu de sa tige, dont
l'une d'or et l'autre d'argent, liées ensemble par un cordon de sable.*

celles de la Révérende Chambre de Carpentras. A l'égard de la légende dont ce blason était accompagné, je n'ai pu la découvrir ; mais, attendu que les symboles qu'il contient sont empruntés à l'ordre religieux, j'ai pensé que les paroles suivantes pourraient en rendre suffisamment la pensée : *Anchorâ salutis innixa, manet inconcussa fides*, « la fidélité, quand » elle s'appuie sur l'ancre du salut, demeure inébran- » lable. »

V.

CARACTÈRE ACTUEL DE LA FÊTE PATRONALE.

On a vu, dans un article précédent, de quelle manière on célébrait autrefois à Lapalud la fête de S. Pierre ès-liens, qui est la fête votive de la paroisse. Il faut dire, à cette heure, un mot de la façon avec laquelle on la célèbre de nos jours, sous l'empire d'idées qui ont profondément altéré la piété antique des populations de la campagne. Instituée pour honorer la délivrance miraculeuse de cet Apôtre qu'Hérode avait fait mettre en prison, la moralité qui devrait en jaillir au profit des fidèles serait, pour les uns, de faire de vigoureux efforts afin de rompre dans leurs cœurs les chaînes du péché, et pour les autres, de

bien prendre garde à ne pas s'enlacer dans ses étrein-
tes cruelles, au grand préjudice de leurs âmes.

Mais, loin de poursuivre un but aussi avantageux,
les habitants de Lapalud, non moins dissipés que
leurs voisins, se livrent, avec une ardeur qui n'a
pas d'exemple, aux divertissements mondains où ils
ne font que compromettre de plus en plus la sainte
liberté des enfants de Dieu : entraînement d'autant
plus funeste que le mystère de délivrance accompli
en faveur de S. Pierre devient pour ses enfants adop-
tifs un mystère de captivité dont leurs âmes auront à
subir les tristes conséquences. Touché d'un si étrange
contraste et jaloux de le présenter à ses paroissiens
sous un aspect saisissant, afin de leur en inspirer
du dégoût, un de mes prédécesseurs ne manquait
jamais de faire son prône, sur cette matière, le di-
manche qui précède la fête en question. Pour ne
pas tomber dans des redites qui deviennent fasti-
dieuses aux auditeurs, il lui arriva une fois de prendre texte des antiennes qu'on chante aux vêpres de
S. Pierre ès-liens, et en fit sortir de bonnes vérités
propres à mettre son troupeau en garde contre les
séductions de l'esprit de mondanité durant les trop
longs jours consacrés à la fête locale. Voici en résumé de quelle manière il avait pris la chose :

« Mes frères et mes enfants, disait-il, car vous
» êtes l'un et l'autre : en systématisant ces antiennes,
» j'y trouve d'abord la captivité de S. Pierre, image
» de celle des chrétiens devenus esclaves du péché ;

» puis sa délivrance miraculeuse dont elles assignent
» avec précision la cause efficiente et la cause ins-
» trumentale, savoir la grâce et la prière ; vient en
» dernier lieu, de la part de l'Apôtre qui sort de sa
» prison, un élan de reconnaissance envers le ciel.
» élan couronné de ces belles paroles: *Vous êtes*
» *Pierre, et sur cette pierre je bâtirai mon Eglise.* »

Passant ensuite à l'application de sa pieuse for-
mule, il ajoutait : « Si, infidèles à votre Dieu durant
» ces jours consacrés à des joies mondaines, vous
» tombez sous les liens du péché, vous n'en sortirez,
» comme S. Pierre de sa prison, qu'à l'aide de la prière
» et de la grâce. Tournez donc vos cœurs vers le
» ciel, afin que son secours ne vous manque pas dans
» ces moments de crise et de détresse; cet appui sa-
» lutaire ne désespérez pas de l'obtenir, car le Sei-
» gneur est grand dans ses miséricordes comme dans
» ses justices. Quand l'heure de votre délivrance sera
» enfin arrivée, alors vous éclaterez en sentiments
» d'amour envers votre Dieu qui vous aura ainsi
» donné une preuve irrécusable de sa bienveillance ;
» car, quel bonheur pour vous de vous sentir délivrés
» de ces viles entraves qui paralysaient votre âme et
» la tenaient assujettie à des objets indignes de son
» affection ! Quel bonheur pour vous, après avoir
» scellé votre paix avec le ciel, de vous entendre dire,
» avec quelque restriction sans doute, ces belles pa-
» roles : *Vous êtes Pierre, et sur cette pierre je bâ-*
» *tirai mon Eglise.* En effet, chaque famille est une

2

» petite Eglise, une chrétienté réduite à sa plus sim-
» ple expression. Soyez fidèles à l'esprit de votre
» vocation, et vous serez aptes à devenir un jour le
» fondement d'une de ces unités collectives que forme
» le mariage chrétien ; puis, plus tard, lorsqu'on vous
» verra parfaitement heureux dans votre ménage
» peuplé d'enfants pieux et obéissants, on compren-
» dra qu'un père vertueux est pour sa famille ce qu'a
» été S. Pierre pour l'Eglise de Dieu. »

C'était une heureuse idée de faire ainsi sortir, des
éléments mêmes de la fête patronale, les leçons qui
devaient en écarter les abus. Mais on conçoit sans
peine qu'à la veille de l'ouverture de tant de joies
bruyantes, ces leçons avaient peu de chance de succès. Cette considération cependant n'enchainait pas
le zèle du bon pasteur, car il pensait que si sa parole
n'avait pas la puissance de convertir actuellement ses
paroissiens, elle laissait du moins dans leurs cœurs
de précieux germes susceptibles de se développer et
de produire des fruits en temps opportun.

VI.

CHATEAU DE FRÉMIGIÈRES.

Les donjons, les hautes tours des châteaux n'ins-
pirent plus d'effroi, parce que l'on sait que leurs

possesseurs n'ont plus que le pouvoir de faire du
bien, et que la plupart se plaisant à orner leurs demeures et à améliorer leurs domaines, procurent aux
ouvriers de toute espèce des travaux utiles en même
temps qu'ils préviennent ou soulagent les besoins des
malheureux. La passion effrénée de la chasse a disparu avec le régime féodal : elle a fait place à des
goûts plus paisibles et plus utiles à la société. Le
bruit assourdissant du cor ne retentit plus que rarement dans nos modernes châteaux ; mais les sons
harmonieux de la harpe, du piano, de la flûte et
du violon s'y font entendre tous les jours. La littérature, la musique, le dessin, la peinture font actuellement les délices des descendants de ceux qui
croyaient ajouter à leur illustration en déclarant avec
orgueil qu'ils ne savaient pas écrire. C'est ainsi qu'en
se livrant à la culture des lettres et des arts, la noblesse peut conserver, par ses talents et par ses lu-
mières, un rang honorable parmi les supériorités de
notre nouvel ordre social, et, loin d'exciter l'envie
de la classe qui s'élève et se confond avec elle, en-
tretenir chez celle-ci une utile émulation.

Ces réflexions s'appliquent aux résidences féoda-
les qu'habitent encore aujourd'hui les rejetons de ces
vieilles races dont l'origine remonte aux premiers
âges de la monarchie. Mais elles ne sauraient convenir aux castels qui, comme Frémigières, sont tombés
en pleine roture et n'ont pas d'autre prestige que
celui des souvenirs. Quoi qu'il en soit, ce vieux ma-

noir, situé sur la rive gauche du Rhône et dont
l'architecture n'offre rien de saillant, était le chef-lieu
d'un fief immense qui appartenait jadis à l'illustre
maison de Montaigu (1) ; il fut, au moyen âge, le
rendez-vous des célébrités nobiliaires de la contrée ;
sa position devait singulièrement favoriser l'affluence des visiteurs, car il touchait, pour ainsi dire, à
quatre provinces, et maintenant encore il se trouve
au point de contact d'un égal nombre de départements. Dante, dans son immortel poëme, signale
aussi un lieu de la haute Italie, où trois prélats ont
le droit de bénir, sans violer la règle canonique de
l'appropriation des territoires. Voici ses paroles :

>   Luogo è nel mezzo là, dove 'l Trentino
>   Pastore, e quel di Brescia, e 'l Veronese
>   Segnar poria, se fesse quel cammino (2).

« Au milieu est un endroit où l'évêque de Trente et
» ceux de Brescia et de Vérone pourraient donner la
» bénédiction, s'ils suivaient ce chemin. » Mais ici il
faut en admettre un de plus, car l'archevêque d'A-
vignon, ainsi que ses suffragants de Nîmes, de Valence et de Viviers, seraient en droit, du haut des
tourelles de Frémigières, d'épandre des bénédictions

---

(1) Dans les premières années du 14me siècle, ce fief formait encore
une commanderie des Templiers ; mais, en remontant plus haut,
on le trouve possédé par la noble maison des Guigues de Moreton,
dont M. le comte de Chabrillan est un des derniers représentants.

(2) *Inferno.* — Canto XX.

ou de jeter des interdits sur leurs diocèses dont les
confins viennent, de droite et de gauche, se bai-
gner dans les flots du Rhône, en face de ce château. Qui pourrait dire l'histoire de ses fêtes, de ses
réunions, de ses intrigues durant les crises politiques
de la Ligue et de la Fronde, où chaque seigneur était
obligé de jouer un rôle pour ne pas se tenir en dehors du mouvement de sa caste? Qui pourrait comp-
ter les assemblées qui s'y tinrent, dans un but de
contre-révolution après la chute du trône, et surtout
à l'époque où le Directoire tenait d'une main si faible
les rênes de la France? Autrefois on le sut, mais le
temps a tout effacé. Cependant on aime à respirer le
parfum du passé, qui semble s'exhaler de ce lieu veuf
de ses anciens hôtes ; on aime à rêver sur les grandeurs déchues et sur le déplacement qu'opère un
nouvel ordre social. C'est pourquoi chaque pan de
mur et même chaque pierre provoque la pensée et
l'excite à se replier sur elle-même. Ici, tours créne-
lées, chapelle, donjon, beffroi, pont-levis, tous ces
attributs de la féodalité ont disparu : il ne reste debout qu'un vaste bâtiment qui a plutôt l'air d'une
grange que d'une demeure seigneuriale. L'agriculture a envahi tous les alentours du château ; les avenues, rasées et labourées deçà et delà, on n'en voit
plus vestige ; mais, à leur place, de belles plantations
de mûriers, l'une des principales sources de notre
richesse agricole. Voyez-vous cette chambre ornée
encore d'arabesques peintes dans le style de la re-

naissance? c'est là que Jean de Montaigu, évêque
d'Apt et gouverneur du Comtat-Venaissin, paya le tribut à la nature (1). Peu goûté de ses diocésains avec
lesquels il avait voulu trancher du prince-évêque
d'Allemagne, il vint se réfugier au château de ses
pères, dans l'espoir d'y retrouver le repos et la santé
que des luttes incessantes avec dés vassaux indociles
lui avaient fait perdre ; mais malheureusement cet
espoir, qui devient le symptôme obligé de certaines
maladies, ne se réalisa pas au grand chagrin de sa
famille. Cependant les Aptésiens accueillirent ses
cendres avec respect, pensant qu'en face de la tombe
toute rancune doit s'éteindre, surtout lorsque de
légères taches dans la vie d'un défunt se trouvent
effacées par l'éclat de ses vertus.

VII.

LAPALUD RÉSIDENCE CARDINALICE.

Que, durant le séjour des papes à Avignon, Lapalud ait été une demeure cardinalice, cela ne doit
pas nous surprendre, d'autant que maintes petites

---

(1) Boze. — *Hist. de l'Eglise d'Apt,* in-8o.

villes de cette contrée, telles qu'Orange, Bagnols, Saint-Paul-trois-Châteaux, Bollène et Sainte-Cecile, revendiquent la même prérogative. D'un autre côté, l'histoire du Comtat-Venaissin nous apprend que les grands dignitaires de la cour romaine, à l'exemple de leur chef suprême, s'étaient créés des résidences dans divers lieux de la province, et que là, en dehors du tourbillon des affaires, ils se délassaient, au sein d'une paisible retraite, des fatigues de l'épiscopat. Ainsi rien d'étrange dans l'assertion qui assigne à notre localité, siége jadis d'une vieille commanderie de Templiers, le séjour d'un ou de deux cardinaux, alors que le Saint-Siége était fixé sur les rives du Rhône.

Mais ce qui a droit de nous étonner, c'est que jusqu'à aujourd'hui Lapalud ait ignoré le nom de ses hôtes illustres, et qu'il ait été non plus soigneux de le conserver que s'il s'était agi de citoyens vulgaires dont la présence dans une commune ne fait qu'ajouter quelques unités de plus au chiffre de la population (1). Il faut convenir que de la part de ceux qui nous ont précédés il y a eu, dans un pareil oubli, ingratitude et impéritie, ou, pour mieux dire, vice et faute, mais faute d'autant plus regrettable qu'un certain prestige s'attache toujours aux lieux

_____

(1) La même réflexion s'applique à Orange, car elle aussi a perdu le nom du cardinal qui l'habitait vers la fin du pontificat de Clément V. (*Vid.* Baluze, t. 1, p. 684.)

habités par les hommes d'élite dont la célébrité doit
franchir les siècles sur les ailes de la renommée.
Ainsi on savait par tradition le fait pur et simple
d'une résidence cardinalice à Lapalud, dégagé de
tout accessoire : on n'avait aucun motif d'arguer de
faux cette tradition, quoiqu'elle n'eût d'autre garant
qu'un bruit de paroisse qui, n'ayant pu trouver
d'écho chez les historiens, tendait à s'affaiblir d'âge
en âge ; on montrait même la maison où avaient logé
les princes de l'Eglise. Cependant leurs noms de-
meuraient couverts d'un voile si épais, que rien
jusqu'à ce jour n'avait pu le soulever. Mais fallait-il
donc accepter comme définitif cet état de choses ou
se livrer à de nouvelles recherches ? Bien m'en a
pris d'embrasser ce dernier parti, car le succès a
couronné mes efforts. M'étant posé, dès le premier
dessein de cette notice, la question de savoir quels
étaient les cardinaux qui avaient résidé à Lapalud,
je me suis mis, pour la résoudre, à l'étude des savan-
tes notes de Baluze, sur la vie des papes d'Avignon.
Dans le cours de ce long et pénible travail, il m'est
enfin tombé sous la main une pièce qui m'a permis,
en procédant par induction, de dégager l'une des
deux inconnues impliquées dans le problème, et de
faire ainsi passer dans le domaine de la certitude
historique une tradition populaire que les savants
dédaignaient à l'égal d'une opinion dénuée de fondement. Mais, avant de produire cette pièce et d'en
discuter les données importantes, on me permettra

de placer ici quelques extraits du même Baluze, sur les cardinaux de Bollène et de Bagnols, extraits qui rendront plus acceptable ce que je dirai bientôt sur le cardinal de Lapalud.

A l'égard du cardinal de Bollène, voici ce qui a été noté de lui (1). Amédée des marquis de Saluces, cardinal-évêque de Valence, avait assisté au conclave qui, après la mort de Clément VII, éleva à la papauté Pierre de Lune appelé Benoit XIII dans son obédience. Lorsque les cardinaux se réunirent, le 16 septembre 1394, dans la salle de parade du palais apostolique, apparemment pour constater le décès de Clément, il est dit qu'Amédée était absent d'Avignon ce jour-là même, parce qu'il se trouvait dans *son prieuré de Bollène,* au diocèse de Saint-Paul-trois-Châteaux ; mais il arriva bientôt après, et put ainsi assister aux funérailles papales.

En ce qui touche le cardinal de Bagnols, on trouve dans Baluze (2) que le roi Philippe le Bel avait donné au cardinal Napoléon des Ursins la ville de Bagnols sise au diocèse d'Uzès et dépendante, pour le civil, de la sénéchaussée de Beaucaire. En effet, ce savant produit, sous la date de 1305, des lettres de ce prince, publiées en la même année, par lesquelles, considérant les nombreuses marques d'amitié que ce

---

(1) Baluze. *Vitæ pap. Aven.* t. 1, p. 565.

(2) Baluze. *Ibid.* p. 601 et 1058.

2 ·

prélat lui avait données, il le gratifie d'une pension
de mille florins d'or de Florence (pour les distinguer
des florins de *camerâ*), pension dont jouirent à
perpétuité ledit cardinal et ses héritiers. Plus tard,
le roi ayant voulu s'exonérer de cette pension, lui
donna en échange la propriété de Bagnols avec ses
dépendances. C'est pendant le séjour du cardinal en
cette ville qu'il aurait fait connaissance avec l'aïeul
de S. Elzéar qui était seigneur de Sabran, petite
localité située aux environs de la même ville : ce qui
le prouve, c'est une bulle de Clément V, citée par
Baluze, contenant la dispense d'un empêchement de
parenté, en faveur de la fille du noble baron provençal qui allait se marier avec le seigneur d'Uzès,
le plus puissant feudataire de la contrée. Car cet
écrivain assure avoir vu, dans de vieux extraits du
registre de ce pape, année première de son pontificat,
une note analytique de ladite bulle, « par laquelle il
» rend habiles à contracter mariage, nonobstant le
» quatrième degré de consanguinité, noble Bermond,
» seigneur d'Uzès et d'Aimargues, d'une part, et Dul-
» celine, fille de noble Elzéar de Sabran, baron d'An-
» souis, d'autre part ; déclarant qu'il accorde cette
» grâce en considération de son très-cher fils Napo-
» léon, cardinal-diacre du titre de Saint-Adrien, qui
» l'en avait prié avec instance. »

Voilà, certes, des témoignages authentiques qui
justifient, de la manière la plus formelle, l'opinion
qu'on avait du séjour de ces cardinaux dans les deux

villes précitées. Nous allons voir, dans l'article suivant, si nos preuves, en faveur du cardinal de Lapalud, ne nous conduiront pas aussi à la même conclusion.

VIII.

IMBERT DU PUY, DOYEN DU SACRÉ COLLÉGE, CARDINAL
PRÊTRE DU TITRE DES DOUZE APOTRES,
A RÉSIDÉ A LAPALUD.

LE prélat, dont le nom sert d'intitulé à cet article,
est l'un des deux cardinaux qui résidèrent dans nos
murs au 14me siècle. On le prouve par deux raisons :
l'une, c'est qu'il existe à Lapalud une maison cardinalice sur l'origine de laquelle l'opinion publique
n'a jamais varié ; l'autre, c'est que ce cardinal y a
possédé un domaine sur son territoire ou à proximité
de son territoire. De ces deux raisons la première
n'a pas besoin d'être démontrée, parce qu'elle n'est
pas sujette à conteste ; mais, quant à la seconde, il
faut en donner la preuve, si on veut en tirer une
conclusion à l'appui de la proposition que j'ai posée
de prime abord. Or, en parcourant les riches et sa-
vantes notes de Baluze, ci-dessus mentionnées, j'ai
rencontré, à l'article d'Imbert Du Puy *(Imbertus de*

Puteolo), t. 1, p. 769, un petit document qui, en nous apprenant que ce dignitaire possédait un domaine dans la commune de Lapalud, nous permet de conclure, *de plano,* que c'est celui-là même qui habitait notre maison cardinalice, sous le règne de Jean XXII.

Ce document, que je traduis du latin en français, porte ce qui suit :

« L'an 1343 et le 12 juin, Philippe VI, roi de
» France, confirme, par lettres-patentes souscrites à
» la tour du pont d'Avignon, une vente consentie au
» profit du seigneur cardinal Du Puy par le roi de
» Mayorque. Dans ces mêmes lettres-patentes, qui se
» trouvent au registre 75 des archives royales de
» Paris, on lit ce qui suit : Savoir faisons — c'est le
» Roi de France qui parle — qu'attendu que le révé-
» rend père en Dieu, Imbert Du Puy, cardinal, aurait
» acheté de notre très-cher cousin le roi de Mayor-
» que, haut seigneur de Montpellier, une certaine
» prairie avec deux bâtiments appropriés chacun au
» jeu d'un moulin à farine, *(quandam pratam cum*
» *duobus casalibus molendinarum)* laquelle et les-
» quels notre dit cousin possédait auprès du lieu de
» Lapalud, ou autrement appelé.... Latte. »

Le texte de l'acte de confirmation, ainsi qu'il est couché dans Baluze, porte : *apud locum de Palude, aliàs dictum ....latis.* Je soupçonne que le copiste, par mégarde, aura mis seulement la fin du mot au lieu du mot entier qui est évidemment *Petralatis,*

Pierrelatte. Le reste du document n'est point rap-
porté comme inutile pour l'histoire ; mais ce que je
viens de transcrire l'intéresse d'une manière particulière, puisqu'il lui fournit le moyen d'établir ce
que nous avions en vue, savoir que le cardinal en
question était propriétaire dans notre commune, et
qu'il s'y était formé une habitation aussi commode
qu'agréable. Or, quand on est propriétaire en quelque lieu, on y vient fréquemment pour soigner ses
intérêts, et on finit même par s'y créer une résidence,
ne serait-ce qu'afin de goûter plus à son aise les
plaisirs purs de la vie des champs. Ainsi, une fois
établi le fait de l'acquisition d'un domaine à Lapalud
par le cardinal Du Puy, le fait de sa résidence en
ce pays en découle tout naturellement.

Mais est-il bien réellement question de notre Lapalud dans cet acte de vente ? c'est ce qu'il s'agit de
vérifier, en tâchant de découvrir, dans le territoire
de cette commune ou à côté de ce territoire, un domaine qui puisse satisfaire aux conditions énoncées
dans le document ; car il est certain que si elles
n'étaient pas remplies, notre cause serait perdue et
l'acte de vente se rapporterait à une autre localité.
Or, d'après le texte précité, ces conditions se résu-
ment dans les suivantes : il faut 1° que l'immeuble
soit d'une étendue considérable, d'autant que les pos-
sessions qui tombent sous la main des rois sont toujours en rapport de leur grande fortune. Car, quoiqu'on lise dans le texte *quandam pratam*, une

certaine prairie, on aurait tort de penser qu'il s'a-
gisse ici d'un pré de médiocre contenance, d'un pré
de quelques arpents, tel qu'on en voit beaucoup aujourd'hui par suite du morcellement de la propriété
foncière, vu que cette expression s'applique aussi à
un terrain de vaste superficie ;

2° Qu'il ait pu y avoir sur cet immeuble deux moulins à farine, à raison des cours d'eau qui l'arrosent ;

3° Que cet immeuble soit dans la proximité de
Lapalud et de Pierrelatte sans faire partie intégrante
du Comtat-Venaissin, parce qu'en dehors de cette
dernière condition le Roi de France n'aurait pas pu
sanctionner l'acte de vente en qualité de suzerain ;

4° Enfin il faut que nous ayons quelques indices
d'où l'on puisse conclure que le roi de Mayorque,
comme seigneur de Montpellier, avait des posses-
sions près de la commune de Lapalud ou de Pierrelatte.

Cela posé, si je ne me trompe point, le grand domaine de Maligeac, qui devint, entre les mains de la
noble maison Tonduti d'Avignon, un magnifique fief
qui a passé aux mains des héritiers de M. de Beaune,
son dernier possesseur, ce grand domaine, dis-je,
me parait remplir toutes les conditions sus-mention-
nées. Et d'abord, 1° à l'époque dont il s'agit, c'est-à-
dire au 14e siècle, ce domaine, situé dans la plaine
du Rhône et sillonné par divers cours d'eau, étant
originairement un terrain d'alluvion formé par les
créments successifs de ce fleuve, devait avoir l'as-

pect, comme nos *Plagnières,* d'une vaste prairie, *quandam pratam ;*

2° Qu'il y ait eu des moulins à farine sur cet immeuble, la chose est certaine, puisque le plus considérable et le mieux placé d'entr'eux existe encore : c'est celui qu'on appelle, dans les anciens titres, le Moulin du Grand-Pénitencier, parce qu'il fit plus tard partie de la prébende de ce dignitaire dans le chapitre de Saint-Paul-trois-Châteaux, ou peut-être dans celui de la métropole d'Avignon. Quant à l'autre moulin dont on ne rencontre plus aucun vestige, il devait se trouver du côté des Barinques ;

3° A l'égard de la condition qui vient après, le domaine de Maligeac l'accomplit à merveille, car il se trouve à proximité de Pierrelatte et de Lapalud, mais plus près de cette dernière commune; de plus, il ne faisait pas partie du Comtat-Venaissin. On sait, en effet, que cette vaste étendue de terrain qui longe le Rhône depuis le château de Frémigières jusqu'au Pont du Saint-Esprit, était une extension des terres de France dépendante du Vivarais ou plutôt de la province du Languedoc, en sorte qu'à l'époque de la formation du département de Vaucluse, en 1793, cette portion de territoire, qu'on appelait l'enclave de Frémigières et de Maligeac, appartenait à la commune de Pierrelatte ; ce ne fut que longtemps après, sous le règne de Louis-Philippe, que cette enclave fut réunie définitivement à la commune de Lapalud ;

4° Rien d'étrange que le roi de Mayorque, en

qualité de seigneur de Montpellier, ait possédé de
vastes prairies sur la rive gauche du Rhône ; car la
plaine de notre commune, qui porte ce nom, ayant
formé autrefois, comme on l'a dit, une extension
territoriale de la province du Languedoc, avait dù
être revendiquée par ce prince, au nom du domaine
public, à titre de terrain d'alluvion. C'est ce qui explique comment il avait pu assujettir à sa mouvance
les terres de Frémigières, de Maligeac et des Barinques, quand elles furent érigées en fiefs. Au reste,
quant aux Barinques, nous savons de science
certaine, et M. le marquis de Balincourt, qui en est
actuellement propriétaire, sait, comme nous, que ce
fief appartenait, au 15me siècle, à une noble famille
de Montpellier, de sainte illustration, à la famille de
Saint-Roch, qui l'avait reçu sans doute, à titre gratuit ou onéreux, du haut seigneur de la même
ville.

Donc, il est acquis à l'histoire que le cardinal
Imbert Du Puy, doyen du sacré Collége sous les
papes Jean XXII et Clément VI, avait acheté le domaine de Maligeac, et qu'ainsi la maison cardinalice
que l'on voit à Lapalud, dans l'enceinte du bourg,
a dù être la résidence de ce prélat pendant ses mois
de villégiature.

Pour compléter cet article, je vais donner une
courte notice historique du cardinal Du Puy, afin de
mieux faire connaître à mes paroissiens ce personnage qui a été presque leur compatriote au double

titre de propriétaire et de résident dans la commune de Lapalud (1).

Personne n'a douté de la parenté qui existait entre le pape Jean XXII et le cardinal Imbert Du Puy, mais tous les auteurs ne sont pas demeurés d'accord sur le lieu de sa naissance. Jean Villani, qui le nomme de Pons, veut qu'il soit de Cahors ; mais il n'a fondé son opinion que sur ce que le pape était de cette ville, ne songeant pas qu'il pouvait avoir des parents ailleurs que dans sa ville natale. Et, en effet, Bernard Guy nous apprend qu'Imbert Du Puy avait vu le jour loin de là, à Montpellier où résidait le roi de Mayorque. L'auteur du *Gallia purpurata,* de peur de confondre Imbert de Pons, comme on l'a déjà fait, avec Imbert Du Puy, en a imaginé deux au lieu d'un, tous deux proches parents du pape, tous deux nés à Montpellier, tous deux morts à Avignon et tous deux cardinaux du titre des Douze-Apôtres; ce qui implique contradiction, puisque deux personnes ne peuvent pas remplir un même titre dans le même lieu et en même temps. La seule différence que cet auteur établisse pour les distinguer, c'est qu'il met la mort d'Imbert de Pons, qui est un cardinal apocryphe, en l'année 1347, et celle d'Imbert Du Puy, qui en est un véritable, en l'année 1350, et qu'il leur donne à chacun différentes marques de noblesse.

(1) Duchesne. — *Hist. des cardinaux français,* tom. 1.

On ne connaît d'autres titres à l'avancement d'Imbert Du Puy, dans les dignités de l'Eglise, que le
rare bonheur d'avoir vu un de ses proches parents
élevé sur le trône de S. Pierre. C'est ainsi qu'il devint
successivement protonotaire apostolique, camerlin-
gue de l'Eglise romaine, cardinal-diacre, et enfin
cardinal-prêtre à la quatrième promotion du mois
de décembre de l'an 1327. Il faut croire que la vie
d'Imbert Du Puy a été d'une longue durée, puisqu'on
apprend, par l'une de ses lettres conservée dans le
couvent des Billettes à Paris, qu'il a été doyen du
sacré Collége. D'un autre côté, il est certain qu'il ne
peut pas être mort en 1348, comme le prétendent
quelques biographes, ni même dans les premiers
mois de ce millésime, puisqu'il a souscrit une bulle
de Clément VI, datée du 30 avril de la même année.

Ainsi, on ne sait rien d'assuré, ni sur le temps
de son décès, ni sur le lieu de sa sépulture, ni sur
l'époque des fondations pieuses que le Roi de France
l'avait mis en mesure de faire ; car il avait obtenu
de ce prince un amortissement de 400 livres tour-
nois pour fonder des chapellenies, ou maisons d'hos-
pitalité, dans les lieux qu'il jugerait convenables.
Les armes de ce cardinal sont *d'or au lion d'azur
armé, lampassé et couronné de gueules.*

IX.

CHAPELLE DU BON PASTEUR A LAPALUD ET DE
N. D. DES PLANS A MONTDRAGON.

Le Comtat-Venaissin, ancienne province pontificale, abondait autrefois en chapelles et en oratoires
consacrés au culte de la Vierge et des Saints. Ces
petits monuments solitaires, perdus au milieu des
rochers ou suspendus aux flancs des collines, susci-
taient dans l'âme du voyageur mille impressions
délicieuses, qui ressemblent au parfum longtemps
oublié d'une fleur du pays natal, dont l'aspect s'offre
inopinément à nos yeux dans une terre étrangère.
Sans voir les choses à travers le prisme de la fantaisie, à raison de l'accoutumance qui est l'ennemie
jurée de tout mouvement esthétique de la pensée,
l'habitant du pays puisait, dans la vue de ces mo-
destes sanctuaires que la piété des ancêtres avait
disséminés sur le sol, des principes d'ordre et de
moralité ; à ses yeux tout le quartier du territoire
que dominait la chapelle devenait terre sainte : jamais l'idée d'y commettre une méchante action ne
descendait dans son esprit ; bien plus, quand la cloche jetait dans les airs ses joyeuses volées pour

annoncer l'*Angelus,* le triple salut à Marie, on le
voyait se recueillir quelques instants, heureux qu'il
était de tourner les aspirations de son cœur vers un
monde meilleur, objet de nos plus chères espérances.

C'était donc une pensée salutaire de multiplier
ces chapelles, parce qu'elles servent à lier dans l'esprit de l'homme des champs les intérêts de la terre
avec ceux du ciel. La seule moralisation efficace que
l'on puisse tenter à son profit consiste dans l'action
incessante de la religion, qui s'applique surtout à
prévenir les maux que la loi est chargée de réprimer;
car dans le village il est plus facile de faire intervenir
les saintes menaces de la première, que de mettre
en jeu les sévérités rigoureuses de la seconde, d'autant que les moyens de répression y sont moins bien
organisés qu'au sein des cités populeuses. On nous
vante sans cesse la vie pure et innocente des campagnes, et, grâce à des réminiscences classiques, on la
comparerait volontiers à celle des patriarches chez
lesquels se trouve le type moral le plus parfait de la
nature humaine. Cette opinion avantageuse, répandue de par le monde et issue d'un vieux préjugé,
s'évanouit bientôt quand elle passe au creuset de
l'expérience. Sans doute ce qui est bon dans le village
y est excellent; mais aussi ce qui est mauvais devient
détestable, et il n'est pas rare d'y voir le vice se montrer à découvert, s'alimenter hardiment de ses succès,
et se répandre par une contagion dont aucune contrainte n'arrête la marche ni ne retarde le progrès.

Voulez-vous donc, dans les populations des campagnes, maîtriser l'instinct grossier de la nature, faites
appel à l'idée de Dieu, et rendez-la leur présente à
chaque heure du jour. Mais il faut que cette idée,
descendue des hauteurs de l'abstraction, s'individua-
lise dans des signes sensibles qui la rendent percep-
tible à des intelligences bornées. Or, n'est-ce pas là
le but que l'on voulait atteindre en construisant ces
chapelles rurales que la révolution a eu tort d'abattre
au profit des chimériques doctrines d'une philosophie
superficielle, qui ne s'arrête qu'à l'écorce des choses,
sans pénétrer jusqu'à la moelle?

Hors de l'enceinte de Lapalud et par conséquent
en rase campagne, il n'existait qu'un seul monument
de ce genre, la chapelle du Bon-Pasteur, vulgaire-
ment appelé Saint-Pastré, dont l'origine est inconnue
et la ruine paraît remonter aux guerres de religion
du 16me siècle. Elle était située à la limite septentrio-
nale de notre territoire, au milieu d'un vacant com-
munal maintenant converti en terre labourable, non
loin de la colonne kilométrique de la route nationale.
C'est en raison des souvenirs qui se rattachent à ce
lieu, que l'on y vient chaque année, dans la troisième
procession des Rogations, faire une station où l'on
chante l'antienne du Bon Pasteur, *ego sum Pastor
bonus.* Jadis se trouvait annexé à la chapelle un
campo santo qui était destiné à la sépulture des paroissiens décédés durant le cours des inondations fort
fréquentes au moyen âge ; le terrain de ce cimetière,

dépassant le niveau des terres environnantes, est effectivement à l'abri des incursions du Rhône. Aujourd'hui il ne reste plus vestige de la chapelle ni du cimetière, mais, grâce à la tradition orale, l'idée s'en est conservée dans la mémoire des fidèles. On pense, avec quelque fondement, qu'elle a été détruite à l'époque où le baron des Adrets vint mettre le siége devant Lapalud : aurait-il voulu, par un acte de vandalisme, préluder au sac de cette commune et de son église paroissiale ? le caractère bien connu de ce personnage pourrait nous le faire croire, mais, sans preuve historique, il ne nous est pas permis de le charger de cette énormité.

Quoique le Bon-Pasteur eût droit aux sympathies des habitants de Lapalud, il est une autre chapelle dans le voisinage qui alors exerçait sur eux un pouvoir plus attractif : je veux parler de N. D. des Plans, où ils se rendaient en procession plusieurs fois dans l'année. Entre Lapalud et Montdragon, mais sur le territoire de cette dernière commune, on voit encore les ruines d'une ancienne abbaye, du milieu desquelles surgit une petite église, objet de la dévotion populaire. Cette abbaye, dépendante de celle de Saint-Pierre-du-Puy de la ville d'Orange, était un monastère de filles fondé par un évèque de Saint-Paul-trois-Châteaux. Des pèlerins y accouraient autrefois de toutes parts pour vénérer la statue miraculeuse de la Vierge. La ferveur s'y soutint parmi les recluses pendant plusieurs siècles ; mais comme les

meilleures institutions dégénèrent à mesure qu'en
s'éloignant de leur origine elles reproduisent moins
bien le type idéal conçu par leur fondateur, l'esprit
de mondanité se glissa malheureusement dans ce
cloître et y obscurcit l'éclat des vertus religieuses.
Dès ce moment, ayant cessé de remplir le but pour
lequel il avait été créé, les supérieurs ecclésiastiques
en demandèrent la suppression qui fut prononcée
en 1750, par ordonnance du roi, suppression en suite
de laquelle ses biens furent attribués à l'abbaye royale
de Sainte-Croix d'Apt.

Le premier écrivain connu qui ait parlé de la statue
miraculeuse de N. D. des Plans, est, je crois, Pierre
Legrand, noble aptésien, du 16me siècle, à qui nous
devons un livre aussi rare que précieux sur *le sé-
pulchre de madame saincte Anne*. La découverte de
cette statue est attribuée à un berger qui, en faisant
paitre ses brebis, guidé sans doute par quelque pres-
sentiment ou attiré par quelque signe extraordinaire,
l'aurait trouvée au milieu d'un champ, sous un tas
de pierres, auprès d'une haie d'aubépine fleurie. On
dira peut-être que cette histoire n'est qu'une variante
des mille et une légendes que la foi naïve du moyen
âge avait imaginées pour honorer la Mère des chrétiens. Quand cela serait, la pieuse croyance de notre
localité n'en subsisterait pas moins ; car, rien dans
cette supposition qui puisse infirmer le point essentiel
de la tradition populaire, je veux dire la découverte
d'une statue de la Vierge, avec ou sans circonstance

merveilleuse. Ce point me paraît hors de conteste depuis qu'un écrivain contemporain, dans un opuscule consacré à la gloire de Marie, a expliqué ces sortes *d'inventions* d'une manière si naturelle et en même temps si édifiante pour la piété.

« Lors de l'invasion des Barbares, dit-il, les chré-
» tiens voulant soustraire à la profanation de ces fu-
» rieux les objets révérés de leur culte, cachèrent
» soigneusement les petites statues de la Sainte Vierge
» dans les endroits les plus reculés et les moins ac-
» cessibles de leurs forêts. Ces images saintes y de-
» meurèrent, non qu'elles y fussent oubliées, mais
» parce que l'épée des Goths, des Huns et des Vandales
» abattait les populations, comme le faucheur abat
» l'herbe des champs, et que dans les contrées les
» plus fertiles et les plus populeuses du monde romain
» le voyageur faisait alors plusieurs jours de marche
» sans voir sortir la fumée d'une chaumière.

» Longtemps après, une partie de ces madones des
» fontaines et des bocages reparurent avec éclat, et,
» selon de vieux chroniqueurs, des miracles en ac-
» compagnaient la découverte. Tantôt une vive lu-
» mière attirait de nuit un chasseur ou un pâtre vers
» un buisson d'épines blanches où les oiseaux gazouil-
» laient mélodieusement tout le long du jour ; là était
» une image de Marie cachée parmi les fleurs d'un
» arbuste épineux et embaumé par les parfums de la
» brise des bois. Tantôt, des bergers voyant leurs
» moutons fléchir les genoux devant un tertre couvert

» d'herbe fine et semé de violettes blanches, creu-
» saient le sol où ils trouvaient, à leur indicible
» surprise, une petite statue en bois, grossièrement
» sculptée, mais dans un état parfait de conservation,
» représentant la Sainte Vierge. Et puis c'étaient des
» chevaliers sans peur, de nobles princesses qui, che-
» vauchant, le faucon sur le poing, à travers les
» forêts de la France, distinguaient au milieu des
» branchages des arbres ou dans la fente mousseuse
» du rocher, une madone *réfugiée*. — De nos jours,
» ajoute le même écrivain, on passerait sans doute
» son chemin avec une indifférence profonde ; mais
» alors les reines descendant humblement de leur
» palefroi, les hauts barons se jetant à bas de leur
» dextrier, priaient avec ferveur la Vierge du chêne,
» et lui faisaient bâtir une magnifique chapelle...» (1)

D'après ces paroles de l'écrivain que je viens de
citer, l'invention de la statue de N. D. des Plans,
trouvée, comme on l'a dit, à côté d'un buisson fleuri,
symbole sous lequel l'Eglise aime à personnifier
Marie, pourrait n'avoir rien qui excède les puissances
de la nature : le miracle proprement dit y ferait défaut, parce que le fait principal demeure dans les
conditions d'un événement ordinaire, et tel qu'il
s'accomplit dans l'ordre cosmique actuel. Ainsi c'est
accorder la foi populaire avec la raison que d'envi-

(1) L'abbé Orsini.

sager la légende comme une histoire véritable quant
au fond, mais dont la forme, embellie par un récit
de fantaisie, suppose au moins, dans ceux qui l'ont
imaginé, une tendre piété envers Marie.

Je ne quitterai point N. D. des Plans sans noter ici
une particularité historique que peu de personnes
connaissent.

Lorsqu'en 1536 l'armée de Charles-Quint envahit
la Provence, le parlement d'Aix fut obligé de déserter
cette capitale qui, n'offrant pas des moyens suffisants
de défense, tomba au pouvoir de l'ennemi. Cette
compagnie se rendit d'abord à Tarascon ; mais la
pensée de son propre salut, sous le coup des appré-
hensions causées par le succès des armes impériales
et le besoin de mettre entr'elle et le vainqueur une
plus large zone de terrain, lui inspirèrent la résolution de franchir la Durance et de se fixer à Avignon.
Là, contrariée par le légat du pape qui lui refusait
l'autorisation de siéger pour rendre la justice, elle se
vit contrainte derechef de vider la place pour aller
se réfugier à Pont-Saint-Esprit, d'où elle venait cha-
bue jour tenir audience en deçà du Rhône, dans l'é-
glise précitée qui, topographiquement, appartenait
au territoire provençal (1). Et comme les événements
se classent d'autant mieux dans la mémoire qu'on les

---

(1) Bouche. — *Hist. de Provence*, t. 2. — Cabasse. — *Essai
hist. sur le parlement d'Aix*, t. 1.

lie davantage aux lieux où ils se sont accomplis, nul
ne me blâmera sans doute d'avoir évoqué ici l'auréole parlementaire de cette église ; car elle nous
rappelle une époque singulière de notre histoire pro-
vinciale, où la Justice étant en fuite, rendait ses ora-
cles sous la voûte d'un temple gothique à demi ruiné,
pendant que le droit de la conquête faisait asseoir
Charles-Quint sur les fleurs-de-lis d'or qu'elle occupait auparavant.

Cependant on demeure étonné que le parlement,
au milieu des graves préoccupations qui agitaient les
esprits, eût assez de loisir pour se donner le temps
d'entendre les plaidoiries contradictoires des avocats
sur des questions de stillicide et de mur mitoyen.
Sans doute, en prenant son point de vue arbitraire-
ment et en se plaçant dans un milieu différent de
celui de l'époque dont il s'agit, on est conduit à voir
les choses sous un aspect qui n'est pas le leur. Or,
ce n'était pas seulement sur de simples questions de
droit civil, plus ou moins embrouillées par les subti-
lités de la chicane, que cette compagnie avait à prononcer : car ayant dans ses attributions, comme les
autres cours souveraines du royaume, le maniement
de la haute police et l'administration centrale de la
province, le besoin de répondre à une foule de de-
mandes qu'on lui adressait de toutes parts pour savoir
la conduite qu'il fallait tenir dans ces circonstances
exceptionnelles, exigeait qu'elle fût toujours en mesure de pouvoir délibérer, afin de donner une prompte

solution aux affaires concernant le régime intérieur
du pays. D'un autre côté, les magistrats, membres
des compagnies souveraines, se regardaient alors
moins comme des fonctionnaires, ainsi qu'on les appelle aujourd'hui, que comme des prêtres de la Justice, comparables de tous points à ceux de l'Eglise
militante ; et puisque ceux-ci exercent leur saint
ministère partout, et que dans tous les lieux convenables il leur est loisible d'offrir l'auguste Sacrifice
des autels, ceux-là ne devaient-ils pas aussi se croire
autorisés à siéger même hors de leur palais et à
statuer sur les affaires de leurs justiciables non susceptibles d'ajournement ?

DEUXIÈME PARTIE.

————◆————

Il est facile d'écrire l'histoire avec le secours de la chronique. On sait que la mission de celle-ci est de recueillir les éléments bruts et grossiers, que l'autre dispose ensuite selon les règles du beau idéal. Cette organisation systématique est l'œuvre d'écrivains spéciaux qui, heureux de trouver à leur portée une foule de matériaux, les réunissent et en modifient la composition sur le concept d'une synthèse arrêtée *à priori*. Ainsi, ils ressemblent, sous ce rapport, aux architectes qui, choisissant les pierres au sortir de la carrière, les dégrossissent, les taillent et les polissent pour en construire plus tard l'édifice projeté. Quand, au contraire, la chronique fait défaut à l'historien, la tâche de celui-ci n'est plus la même : il ne s'agit pas pour lui alors de coordonner des faits puisqu'ils sont encore à l'état *d'inconnue,* mais il faut qu'il se donne la peine de les découvrir en parcourant les vastes collections de nos bibliothèques. C'est lorsqu'il s'est mis en possession des fruits de sa découverte qu'il lui est permis de prendre la plume et de se livrer au travail de la rédaction. De là on peut juger du désavantage qu'il y a d'écrire l'histoire d'une petite localité qui ne possède aucune chronique manuscrite ou imprimée ; car alors on se trouve en face de cette alternative, ou les événements manquent absolument et dans ce cas l'histoire est impossible, ou ils ne manquent pas, mais ils se trouvent éparpillés dans de vieux titres presque illisibles et à moitié dévorés par la poussière. Or, comment, dans cette dernière condition, se sentir le courage d'entreprendre une Notice historique dont les éléments n'existent point encore ? Rien de plus aisé que de former un bouquet lorsqu'on est dans un jardin dont les banquettes et les compartiments sont émaillés de toutes les fleurs de la saison ; mais quand il faut les chercher parmi les ronces et les broussailles d'un bois taillis, on comprend que la difficulté devienne alors mille fois plus ardue. Telle a été ma position lorsque j'ai voulu, en écrivant quelques pages sur son passé, indemniser ma paroisse de l'injuste oubli auquel elle a été vouée par les historiens de la province. Privé des utiles renseignements de la chronique locale qui m'auraient été d'un si grand secours, et réduit à quelques particularités isolées dont les souvenirs traditionnels ont à peine conservé la date et la substance, j'ai dû, pour suppléer à cette pénurie, compulser livres et manuscrits ; heureux si,

après une longue et pénible exploration, un résultat
positif avait toujours couronné mes efforts !

Grâce à ces laborieuses recherches, j'ai à présenter
à mes lecteurs un certain nombre de faits historiques
qui se rattachent de loin ou de près à mon sujet. Ces
faits, distribués en deux catégories distinctes, vont
former une série d'articles groupés, les uns sous le
titre générique de faits anciens, les autres sous celui
de faits contemporains, articles que je vais produire
ici selon l'ordre chronologique, le plus naturel de
tous, quoique le moins conforme peut-être à la marche des idées.

FAITS HISTORIQUES ANCIENS.

I.

SAINT-PAUL-TROIS-CHATEAUX. BERTRAND DE PIERRELATTE, ÉVÊQUE DE CETTE VILLE. ÉPISODE DE LA GUERRE DES ALBIGEOIS. XIIIe SIÈCLE.

DES rapports très intimes, comme il a été déjà dit,
existaient autrefois entre Saint-Paul-trois-Châteaux
et Lapalud, et cela pourquoi ? c'est que cette ville

formait alors la tête d'un très-joli diocèse dont Lapalud était une des paroisses les plus importantes ; en outre, cette dernière se trouvant placée à l'embranchement de deux grandes routes, était devenue par cela même le point intermédiaire à l'aide duquel les prélats tricastins communiquaient avec leurs nobles collègues de la Provence et du Languedoc : de là, les rapports dont je viens de parler, rapports qui se sont maintenus jusqu'au moment de la mise en activité du concordat de 1801.

A cette époque, par suite du remaniement des diocèses, Lapalud fut réunie à celui d'Avignon, tandis que Saint-Paul, déchu de son titre épiscopal, passa sous la juridiction du siége de Valence. Malgré cette séparation forcée de deux pays qui gravitèrent longtemps l'un vers l'autre, ils n'ont pas perdu pour cela le souvenir des liens spirituels qui les avaient étroitement unis. Pourquoi s'en étonner ? car rien n'est plus vivace dans l'esprit du peuple que les idées du passé, lorsqu'elles ont pour point de départ la religion. Dans ce cas la mémoire du cœur les protège et elle remplit son office bien mieux que ne saurait le faire la mémoire de l'esprit avec ses éclipses fréquentes. C'est fort heureux, d'ailleurs, qu'il en soit ainsi ; que de choses, en effet, seraient perdues pour l'histoire si la Religion n'avait pas pris souci de les faire consigner dans ses annales ! Cette fille du ciel a une vertu si merveilleuse, qu'elle consacre tout ce qu'elle touche en y imprimant un cachet indélébile.

C'est donc grâce au sentiment religieux que des
rapports de sympathie existent encore aujourd'hui
entre Saint-Paul et Lapalud, quoique un nouvel ordre
de choses ait ouvert à ces deux communes des destinées diverses. Malgré sa réunion à un autre diocèse,
celle que j'administre n'a pas cessé de s'intéresser à
son ancienne métropole, et de la regarder comme le
point central d'où la foi a rayonné sur tous les pays
d'alentour. Aussi fait-elle chaque jour des vœux pour
la prospérité de cette Eglise vénérable et s'associe-
t-elle de cœur à tous les événements heureux qui sont
de nature à la consoler dans les ennuis de sa viduité.
Après cela, il est facile de comprendre la raison pour
laquelle, dans une notice consacrée à Lapalud , je fais
intervenir le nom d'une ville qui à cette heure parait
lui être étrangère. Sans doute, la loi des anciens jours
est abolie, mais l'est-elle au point d'empêcher que les
branches de la même famille, implantées dans un
autre sol, travaillent à glorifier leur souche commune? Je ne le pense pas, et c'est parce que j'ai
cette conviction que je pose ici un fait historique em-
prunté aux traditions de l'Église de Saint-Paul, fait
qui intéresse le département de Vaucluse en général
et la paroisse de Lapalud en particulier.

« En 1202, dit le P. Boyer, (*Hist. des évêques de*
» *Saint-Paul,* p. 67) les Albigeois ayant commis
» d'horribles ravages dans le païs tricastin, les habi-
» tans de Saint-Paul prirent le parti de se donner au
» comte de Toulouse Raymond VI, à condition que

5 •

» l'évèque l'aiderait en temps de paix et de guerre, et
» mettrait à sa disposition les hommes que les com-
» munes du diocèse étaient obligés de fournir au
» prélat ; le comte de Toulouse promit, de son côté,
» de défendre la ville et l'église de Saint-Paul....»

Le prélat qui la régissait s'appelait Bertrand de
Pierrelatte, de l'illustre maison de Moreton, de Frémigières et de Chabrillan. C'était un noble seigneur
qui, comme les évèques du moyen âge, appartenait
à cette race de prêtres guerriers dont la main était
aussi habile à manier l'épée que le bâton pastoral.
Presque tous pris dans la caste nobiliaire, ces chefs
de la cléricature étaient alors plus ou moins impré-
gnés de l'esprit de la chevalerie, et j'entends sous ce
nom non seulement la milice religieuse née, à la
même époque, de la fusion de l'esprit germanique
avec le génie chrétien, mais encore ce type idéal de
genre de vie qu'on aperçoit presque toujours dans
les siècles qui, s'interposant entre la barbarie arrivée
à sa dernière limite et l'aurore de la civilisation,
constituent l'adolescence des peuples guerriers. C'est
là un type générique dont les ordres militaires qui
ont fleuri dans l'Eglise étaient une forme spéciale.
On ne peut rien imaginer de plus beau que la vie
chevaleresque, et la raison de l'estime qu'on en a
dépend d'abord de ce que l'individu, à l'opposé du
héros de l'antiquité, y jouit de la plénitude de sa liberté et de l'autonomie de sa personne, et ensuite de
ce que, par courage et grandeur d'âme, par force

musculaire et habileté à manier les armes, il s'élève
de beaucoup au-dessus du commun des hommes.
Tel était le motif pour lequel la chevalerie était si
respectée ; tel était aussi celui pour lequel les prélats
qu'elle animait de son esprit, loin d'être censurés par
leurs contemporains, recevaient d'eux les plus douces louanges lorsqu'ils savaient heureusement com-
biner les devoirs de l'homme de cœur avec ceux de
l'homme d'église.

Je reviens à mon sujet. C'étaient moins les Albigeois qui avaient commis les déprédations dont parle
l'écrivain précité que les troupes indisciplinées du
comte de Toulouse avec lequel l'évêque de S. Paul
avait eu de graves démêlés. Mais reste toujours une
difficulté, celle de comprendre comment le prélat se
serait uni à ses diocésains pour se placer sous la
protection d'un prince en qui les ennemis de l'Eglise
trouvaient leur principal appui ; car personne n'i-
gnore que Raymond VI favorisait les hérétiques albigeois. Le seul moyen de délier le nœud de cette
difficulté c'est de supposer que la démarche de l'évêque ne fut pas volontaire, et que s'il se soumit ce ne
fut que par force, d'autant qu'il eût été dangereux
à un simple feudataire de résister plus longtemps à
l'ascendant que le prestige de la victoire exerçait sur
tous les pays voisins de la Provence et du Languedoc
au profit de Raymond VI. A l'égard des croyances
religieuses de celui-ci, on peut aussi supposer que,
sans adopter toutes les folles utopies de ces sectaires,

ce prince, doué d'une haute intelligence, sentait
peut-être comme eux le besoin d'introduire une réforme radicale dans le clergé dont les mœurs étaient
loin de se montrer régulières (1). Or, en la restrei-
gnant à ces termes, sa manière de voir était loin
d'être blâmable. Il est donc possible que l'évêque de
Saint-Paul, partageant cette opinion, ait mieux apprécié que d'autres les intentions du comte de Toulouse, et en ait porté un jugement plus favorable.
Dès-lors plus de crainte de sa part pour la foi des
fidèles et le maintien de la hiérarchie cléricale; dès
lors, toute la question entre le prince et le prélat
rentrait dans le domaine exclusif de la politique, où
l'on ne stipule d'ordinaire qu'en vue de l'intérêt
personnel. Ainsi s'explique la conduite vraiment
étrange de Bertrand de Pierrelatte dans cette circonstance ; car sans cette solution comment le justifier
d'avoir recherché l'alliance d'un prince ennemi de
l'Eglise, qui aurait pu, avec de secrètes intelligences, mettre en péril la foi de ses propres vassaux ?

« Ce traité, continue le P. Boyer, fut conclu entre
» Raymond VI et l'évêque de Saint-Paul, au Mont
» d'Auvergne, *ad Montem Alverniæ,* en présence de
» Guillaume des Baux prince d'Orange, d'Hugues
» son frère, de Bertrand de Durfort, évêque de Ca-

---

(1) Papon. — *Hist. de Provence,* t. 2, p. 285.

» vaillon, de Bertrand de Sabran comte de Forcal-
» quier... »

Le Mont d'Auvergne était un grand fief que possédait l'illustre maison de Turenne, au diocèse de
Cavaillon, et dont le domaine de la Tour de Sabran
formait une dépendance (1). Ce nom lui avait été
donné de ce qu'il embrassait sur une large échelle
cette agglomération de collines superposées les unes
aux autres, qui, des extrêmes limites du territoire
de L'Isle, courent au nord et à l'est pour aller se
rattacher à la chaîne des montagnes d'où s'échappent
les eaux de la Fontaine de Vaucluse. A l'endroit même
où commencent à surgir du sol les premières assises
de ce vaste amphithéâtre, fut bâti le manoir qui, à
l'époque sus-mentionnée, devint pendant quelques
jours la résidence du comte de Toulouse et de ses
principaux feudataires. Cet édifice gothique, réduit
à l'état de grange, subsiste encore aujourd'hui non
loin de la route impériale d'Avignon à Apt ; on y voit
cependant de notables vestiges d'une grosse tour carrée que l'on appelait alors Tour d'Auvergne, nom
qu'elle échangea plus tard contre celui de Tour de
Sabran, quand le fief en question passa dans les mains
de cette noble famille.

« L'évêque de Saint-Paul , ajoute le P. Boyer,

----

(1) Barjavel. — *Dictionnaire biograph. de Vaucluse*, t. 2, art.
SABRAN.

» agissait du consentement des chanoines, des nobles
» et des bourgeois de sa ville épiscopale ; et pour
» marque de leur fidélité réciproque, le comte et
» l'évêque se donnèrent un baiser. Après cet accord,
» Jourdain , archidiacre de Saint-Paul , Pierre de
» Saint-Paul et Pierre du Bourg-Saint-Andéol déclarè-
» rent sur les SS. Evangiles qu'il était fort utile et
» expédient que ces conditions fussent accomplies par
» les deux parties : ils jurèrent aussi qu'elles seraient
» gardées par eux et leurs concitoyens. »

II.

DRAGONET DE MONTAUBAN, ÉVÊQUE DE SAINT-PAUL-TROIS-
CHATEAUX. RETOUR A AVIGNON DE CLÉMENT V,
APRÈS LE CONCILE DE VIENNE. UN MOT SUR LES TEMPLIERS.
CE PAPE VISITE LA VILLE TRICASTINE. SON SÉJOUR
A BOLLÈNE D'OU IL DATE UNE BULLE RELATIVE A LA
GESTION DE SON CAMÉRIER. XIVe SIÈCLE.

DRAGONET de Montauban, évêque de Saint-Paul-
trois-Châteaux, eut l'avantage de faire les honneurs
de sa ville épiscopale à Clément V qui retournait à
Avignon après la clôture du concile de Vienne, où la
grande affaire des Templiers venait de recevoir la
solution que tout le monde connait. Arrivé à Pierrelatte, deux routes également viables pouvaient con-

duire le Pape sur le chemin d'Avignon : d'abord celle de Saint-Paul-trois-Châteaux, qui était alors fort fréquentée à raison de la dignité de cette ville, et ensuite celle de Lapalud, qui n'avait point encore l'importance qu'elle a eue plus tard par sa transformation en route nationale de première classe.

Quoique Clément eût la liberté de choisir entre ces deux voies, il préféra néanmoins la première pour ne pas avoir à traverser la commune de Lapalud qui, étant un fief de l'Ordre infortuné qu'il venait de proscrire, nourrissait peut-être contre ce Pape des pensées d'hostilité. La décision à l'égard de ces chevaliers malheureux fut prise en plein concile, de l'avis de tous les prélats qui en faisaient partie *(toto approbante concilio)*, mais cependant avec cette clause remarquable : « En vertu de notre présent » décret, dit-il, qui devra sortir son effet à toujours, » nous abolissons l'Ordre des Chevaliers du Temple, » non en guise de sentence définitive que nous ne » pourrions prononcer ici avec équité en jugeant » d'après les enquêtes et procédures déjà faites à ce » sujet, mais seulement par voie d'administration » et comme mesure d'ordre arrêtée par le Saint- » Siége.... (1) » Ainsi ce n'était pas, à proprement

---

(1) Non per modum sententiæ definitivæ cùm eam super hoc secundùm inquisitiones et processus super his habitos, non possemus ferre de jure ; sed per viam provisionis seu ordinationis apostolicæ, perpetuò valiturâ sustulimus sanctione. (*Bulle de Clément V, du 12 mai 1312.*)

parler, une condamnation en forme, mais une simple abolition provoquée par la nécessité des circonstances et la clameur publique ; car une condamnation émanée de l'autorité judiciaire suppose toujours, avec l'intervention personnelle des accusés et leur libre défense, un débat contradictoire sur chaque chef d'accusation fourni par les actes de la procédure. Or, comme ces deux conditions ne furent point remplies ni ne pouvaient l'être au concile de Vienne, Clément écarte toute idée de sentence définitive de ce jugement qui n'avait été prononcé que sur le vu des pièces et hors de la présence des parties intéressées. On sait qu'un Ordre fameux, qui a rendu à l'Eglise des services éminents, fut aussi retranché du sein de la société chrétienne par un autre Clément, non *per modum sententiæ definitivæ,* mais par simple mesure administrative ; et ceux qui en font un crime à ce pontife dont Pie VII a cependant célébré la mémoire dans sa bulle de restauration de l'institut aboli, ne s'aperçoivent pas que leur blâme retombe sur un autre pape qui avait déjà procédé de cette manière, en semblable circonstance, avec le concours d'un concile général.

En quittant Saint-Paul-trois-Châteaux, Clément V prit le chemin de Bollène où il demeura l'espace de deux jours. Or, comme à cette époque on voyageait à petites journées, les stations devenaient fréquentes et se reproduisaient dans tous les lieux qui offraient à la cour romaine des logements commodes. Cependant la raison d'être de ce séjour dans la petite ville qu'arrose le Lez, se prend de la nécessité où était le Pape de donner audience aux diverses députations accourues à sa rencontre de tous les points du Comtat-Venaissin. Il est naturel qu'un pays, privé depuis plusieurs mois de la présence de son souverain, députe vers lui ses représentants, afin de le complimenter sur son heureuse arrivée. Là, dans cette modeste résidence, Clément eut l'occasion d'expédier certaines affaires relatives à notre localité, comme aussi de régler divers points du régime intérieur du palais apostolique. On trouve, en effet, dans Baluze (*Vitæ pap. avenion.* t. 2, p. 283) une bulle par laquelle le même Clément déclare avoir entendu les comptes de l'évêque de Poitiers, son camérier, et lui accorde un ample *satisfecit* fondé sur la moralité parfaite des actes de sa gestion ; cette bulle est ainsi terminée : *datum Abolenæ Tricastinensis diœcesis, 14 kalendas junii, pontificatis nostri anno septimo;* en voici le préambule que nous plaçons ici pour les amateurs de l'histoire locale. Le Pape y parle à l'évêque de Poitiers lui-même :

« Le dispensateur fidèle et prudent que le maître a établi sur ses serviteurs a droit aux éloges que mérite sa louable conduite, surtout lorsque le maître, venant à l'improviste, le trouve appliqué à sa tâche et peut s'assurer ainsi de sa fidélité.

» Déjà, quand nous étions dans un degré inférieur de la hiérarchie, il nous avait été donné d'éprouver

vos rares talents pour l'administration ; c'est pourquoi, lorsque par un bienfait du ciel nous fûmes élevé au point culminant de l'apostolat, nous n'hésitâmes
pas à vous confier la régie de tous nos biens et re-
venus, comme aussi de tous ceux qui appartiennent
au Saint Siége.

» Jaloux de nous être agréable, vous avez accepté
cette charge avec empressement; vous l'avez rem-
plie avec zèle, et lorsqu'il nous a paru convenable
d'entendre vos comptes, vous nous avez mis en mesure de le faire de manière à ce que votre probité
sortît triomphante de cette épreuve.... »

Il faut convenir qu'; u 14ᵐᵉ siècle, que notre orgueil taxe d'ignorance, il faut convenir, dis-je, que
si on ne savait pas écrire avec élégance, on savait
du moins penser avec justesse, ce qui n'est pas un
mince avantage ; le préambule de cette pièce le
prouve surabondamment; et cependant, dans les circonstances où se trouvait alors le Pape, elle a dû être
écrite, non seulement *curente calamo,* mais encore
curente rotâ.

III.

PIERRE DE LAPALUD, PATRIARCHE DE JÉRUSALEM.
QUELQUES TRAITS DE SA BIOGRAPHIE. XIVᵉ SIÈCLE.

Dans l'ordre historique il est des faits qui, avant
de tomber de la main du temps dans le domaine de
la réalité, sont susceptibles d'être prévus d'une manière à peu près certaine par l'étude approfondie des
causes qui ont contribué à leur formation. Mais il en
est d'autres, au contraire, qui ont dû échapper à
toutes les prévisions de la sagesse humaine, parce
qu'en apparaissant sur la scène du monde, comme
une rare exception au cours ordinaire des choses,
ils ne sont entrés, pour ainsi dire, dans la chaîne des
événements qu'à la dérobée, plutôt pour étonner
l'esprit que pour obéir à la loi invisible qui régit les
sociétés. Tel a été sans contredit, par sa singularité,
le séjour des papes à Avignon, séjour glorieux pour
nos contrées, mais que rien au monde ne pouvait
faire imaginer, par la raison bien simple qu'il est
sans précédent dans le passé, comme on peut croire
qu'il sera sans analogue dans l'avenir.

Transporté, en 1308, sur les rives du Rhône par
Clément V, le Saint Siége y resta jusqu'en 1376 que

Grégoire XI, dernier pape français, en partit pour
retourner à Rome où il arriva en 1377. Il y a eu de
la confusion dans les auteurs à ce sujet par rapport
aux dates, les uns datant la fin de la translation, du
départ d'Avignon, les autres du retour à Rome. Lorsque la grande mesure, qui avait pour but de placer
la cour romaine en deçà des Alpes, fut définitivement
arrêtée, les Français, et surtout les habitants de la
Provence et du Comtat, se livrèrent aux élans de la
joie la plus vive ; mais les Italiens, dépouillés d'un
droit dont ils étaient en possession depuis l'origine
du christianisme, jetèrent les hauts cris contre Clément V, et poursuivirent de leurs sarcasmes ses
successeurs qui maintinrent les effets de cette mesure. Même aujourd'hui les théologiens d'au delà des
monts, assez peu affectionnés à la France, regardent
comme une époque néfaste celle durant laquelle le
Saint Siége était devenu l'hôte de la fille ainée de
l'Eglise. Ils ont raison, sans doute, si l'on pense aux
calamités que ce séjour attira à la chrétienté, en don-
nant ouverture au grand schisme d'Occident, le plus
déplorable de tous ceux qu'on avait vus jusqu'alors ;
ils ont encore raison si l'on considère, avec un auteur
moderne, que le pape et l'Italie sont deux choses
aussi étroitement unies que l'âme et le corps dans la
personne humaine, et que vouloir les séparer c'est
vouloir rompre un nœud mystérieux que Dieu a
formé dans les profondeurs impénétrables de sa sagesse ; mais ils ont certainement tort de donner des

épithètes injurieuses à une résidence que le malheur
des temps et la force des circonstances avaient rendue nécessaire, et surtout de traiter avec dédain,
comme des hommes dépourvus de talents et de vertus, les dignitaires de la cour papale d'Avignon.
Qu'on se donne la peine d'étudier l'histoire de cette
époque, non dans les libelles écrits par des plumes
italiennes, mais dans les monuments authentiques
de nos archives, et l'on demeurera convaincu que
les prélats dont il s'agit ne le cèdent en aucun genre
de mérite à ceux qui postérieurement ont le plus
honoré l'Eglise de Dieu. Dans la foule des noms distingués que les papes français avaient groupés autour
de leur chaire, j'ai été assez heureux pour rencontrer
un personnage que la paroisse de Lapalud a droit de
revendiquer comme une de ses plus belles célébrités. Irréprochable sous le rapport de la vertu et de
la doctrine, la France, dans l'intérêt de sa gloire,
peut le montrer à ses amis et à ses ennemis sans avoir
à craindre la moindre contradiction de leur part ; à
ce titre il me sera permis de m'attacher d'office à sa
biographie, et d'en produire ici quelques extraits
pour l'édification de mes paroissiens.

Le personnage auquel je fais allusion en ce moment est Pierre de Lapalud, patriarche de Jérusalem,
qui avait embrassé la vie religieuse dans l'ordre des
Frères Prêcheurs. Les rapides progrès qu'il y fit dans
les études scientifiques le mirent bientôt en état de
remplir, au nom de la cour papale, des missions di-

plomatiques importantes auprès des premières cours
de l'Europe. Porteur d'un nom qui nous rappelle son
origine, il appartenait à l'illustre maison des Guigues
de Moreton qui, possédant les fiefs de Lapalud et de
Pierrelatte, étaient dans l'habitude de donner l'une
ou l'autre de ces appellations aux aînés ou aux puinés de la famille.

On trouve ce prélat mêlé à plusieurs des événements qui ont signalé le règne de Jean XXII; mais
le plus remarquable de tous est celui où ce pape,
après avoir fait un appel au Roi de France et aux
prélats de son royaume, publia une nouvelle croisade
de Palestine pour la délivrance de Jérusalem (1). Ce
fut en l'année 1333, le 7 des kalendes d'août, que,
dans un grand consistoire tenu à Avignon sur les
vives instances de Philippe le Long, il fit part de sa
résolution aux membres du Sacré Collège, non moins
intéressés que lui à cette pieuse entreprise. Après
avoir déclaré qu'il venait de nommer pour chef de
l'expédition le Roi de France avec la faculté de lever
pendant six ans les décimes de son royaume, il leur
fit savoir qu'il se réservait celles de l'Eglise universelle, afin de les appliquer aux besoins de ceux qui
s'enrôleraient sous les drapeaux de la croisade. En
conséquence de cette déclaration, Pierre Roger, archevêque de Rouen, qui plus tard devint pape sous

_____

(1) Baluze. — *Vitæ pap. aven.* t. I.

le nom de Clément VI, Jean, évêque de Thérouane, doyen de l'église de Paris, et un noble chevalier nommé Henri de Falghario, délégués du roi de France, jurèrent en son nom qu'il irait de sa personne en Palestine, ou au moins son fils Jean, si quelque cause légitime l'empêchait de remplir sa promesse ; et, de plus, que les décimes que le Pape venait d'accorder à la France en contemplation de la guerre sainte, ne seraient point détournées de leur destination.

Dans ce même consistoire, Pierre Roger, parlant pour le roi de France, fit un discours où l'on remarque le passage suivant, dans lequel se détache en relief le nom de Pierre de Lapalud : « Votre dévoué » fils le roi de France, dit-il au Pape, qui nous a dé-» putés vers vous en qualité de ses envoyés, vient de » prendre, très-saint Père, une noble et grande ré-» solution, digne certainement de l'approbation des » gens de bien : je veux dire d'aller en personne à » Jérusalem, afin de retirer la Terre sainte et le tom-» beau du Christ d'entre les mains des impies et des » contempteurs du nom chrétien. Cette résolution il » l'a prise sous l'inspiration du Saint Esprit, plein de » confiance dans le bras de Dieu, et assuré de votre » concours ainsi que de celui de l'Eglise. Il l'a prise » autant pour satisfaire sa propre dévotion que pour » condescendre aux vœux de votre cœur, aux priè-» res de ses prélats et de ses barons, et aux vives ins-» tances du *Patriarche de la cité sainte*. Il l'a prise

» enfin, n n seulement pour marcher sur les traces
» de ses prédécesseurs, comme il s'exprime dans sa
» lettre à Votre Sainteté, mais encore pour accomplir
» le vœu qu'il a fait en arborant sur sa poitrine le
» signe vénéré de la croisade. »

Dans un autre endroit de son discours, le noble
prélat parle encore en ces termes ; « Sous l'aiguillon
» de l'esprit de grâce, il était facile à notre Roi d'em-
» brasser cette pieuse idée ; et remarquez, s'il vous
» plaît, la manière dont elle a pris naissance : un
» certain vendredi, lorsque ce grand prince eut con-
» voqué à Paris ses prélats et ses barons pour les af-
» faires urgentes du royaume, monseigneur le
» patriarche de Jérusalem, qui était présent, pria le
» Roi de lui permettre de saisir l'auguste assemblée
» d'une affaire qui intéressait la gloire du Christ. Et,
» en effet, ce prélat parla longtemps et bien pour dé-
» terminer le prince à faire le voyage d'outre-mer.
» Vivement émus de ce discours, tous les prélats, qui
» étaient au nombre de vingt-six, parlèrent dans le
» même sens et appuyèrent chaudement les conclu-
» sions du patriarche ; il en fut de même des barons
» qui le pressèrent à l'envi de poursuivre son entre-
» prise à laquelle ils promirent la plus loyale coopé-
» ration. »

Après avoir attribué à Pierre de Lapalud l'initiative
de la croisade, l'orateur du Roi de France produit
en faveur de celle-ci un argument singulier, fondé
sur le bruit d'une prédiction étrange qui courait de

par le monde à la même époque : « Il semble, dit-il,
» que le temps presse de mettre la main à l'œuvre,
» s'il faut ajouter foi à un certain oracle dont les per-
» fides Sarrasins redoutent l'accomplissement ; car
» beaucoup d'hommes considérables parmi eux as-
» surent que leurs prophètes ont prédit que cette re-
» ligion diabolique qui heurte par tant de côtés la
» conscience humaine, je veux dire la religion de
» cet impie et scélérat de Mahomet, devait finir en
» l'année très prochaine de 1335. » Sans doute, chez
les peuples livrés aux influences du fatalisme, où il
n'y a rien de mieux à faire, par rapport aux événements tombés dans le domaine de la prescience divine, que d'appliquer le *laissez faire* ou le *laissez
passer* de nos économistes modernes, cet argument
n'aurait pas eu la moindre chance de passionner les
multitudes ni de les faire courir aux armes ; mais
chez les peuples chrétiens, dont la croyance est que
l'action de Dieu dans les affaires de ce monde n'est
pas exclusive de celle de l'homme, il devait produire son effet, surtout auprès des nobles cœurs
jaloux de devenir les auxiliaires de la Providence
dans l'exécution de ses desseins.

Pierre de Lapalud figure encore parmi les doc-
teurs de Paris que le roi Philippe le Long avait réunis
à Vincennes pour examiner la célèbre question de la
vision béatifique (1) qui fit tant de bruit sous le

_____

(1) Baluze. — *Vitœ pap. aven.* t. I, p. 791.

4

règne de Jean XXII. En qualité de membres de cette
assemblée, on comptait, dit Baluze, des hommes de
grande valeur et de haute vertu, tels, par exemple,
que le patriarche de Jérusalem, Pierre Roger, archevêque de Rouen, déjà mentionné, Nicolas de
Lyra, renommé pour sa capacité dans la science des
saintes Écritures, Pierre de Casa, alors prieur-général
de l'ordre des Carmes, devenu plus tard évêque de
Vaison, et enfin Robert de Bordis, chancelier de l'é-
glise de Paris, à qui son zèle pour les sermons de
S. Augustin, qu'il avait colligés avec une rare pa-
tience, a valu une place distinguée dans le souvenir
de la postérité. Si on désire d'autres détails sur Pierre
de Lapalud, on peut consulter son article biographi-
que dans le tome 1er du *Vitæ Pap. aven.*, de Baluze.

IV.

INVASION DU COMTAT PAR LE CARDINAL DE FOIX. SOUMISSION DE BOLLÈNE ET DE LAPALUD. XVme SIÈCLE.

EUGÈNE IV avait vu avec chagrin que le concile
de Bâle, dont il s'était séparé, eût fait administrer
en son nom le Comtat-Venaissin, en y nommant
légat le cardinal de Saint-Eustache ; mesure qui
prouve assez qu'à cette époque d'anarchie religieuse

Martenne. — *Amplissima collectio*, t. VIII, p. 592.

la docte assemblée s'était crue de force à envahir les pouvoirs civils et spirituels du Saint-Siége. Le pape, néanmoins, qui ne devait pas accepter cet état de choses comme un fait accompli, annula les provisions expédiées à ce dignitaire, et lui substitua Pierre de Foix, cardinal-évêque d'Albane.

Celui-ci, espérant peu de succès des négociations diplomatiques avec des théologiens entêtés et ergoteurs, recourut d'abord aux voies militaires pour assurer l'exécution de son mandat; car, sans un appareil formidable, les Avignonais, excités à faire de la résistance par les partisans du concile, n'auraient voulu entendre à aucune proposition. Le cardinal de Foix, accompagné de ses frères, entra donc dans le Comtat par le Pont-Saint-Esprit; il avait avec lui deux mille cavaliers et deux cents fantassins, à l'aide desquels il se flattait de rétorquer avec avantage les arguments qu'on ne manquerait pas de faire valoir à l'encontre de son entreprise. Une partie de cette troupe marcha sur Bollène et l'autre sur Lapalud, en criant *Vive le pape Eugène !* Notre commune, ainsi que sa voisine, fit immédiatement sa soumission et prêta foi et hommage au ministre pontifical. Les soldats, après avoir arboré à la pointe du clocher qui n'était point celui que l'on voit aujourd'hui, les couleurs d'Eugène à la place de celles du concile (1), se répandirent dans

---

(1) Quelles étaient les couleurs d'Eugène et celles du concile de Bâle ? Messieurs les érudits, à vous de nous le dire !

le territoire et y commirent mille déprédations. Si la
croix qui surmonte notre élégante flèche, si cette
croix, plus ancienne qu'elle, pouvait parler et dire
combien de drapeaux divers ont flotté autour de sa
tige, que de révélations curieuses ne nous ferait-elle
pas? Tous ces fragiles symboles de la domination des
hommes sont disparus l'un après l'autre sans laisser
vestige de leur passage, tandis que le sublime étendard du catholicisme reste toujours debout, envi-
ronné des sympathies populaires : *Stat crux dùm
volvitur orbis.*

Les syndics d'Avignon, instruits de ce coup de
main, s'empressèrent d'en informer le concile. Pendant que les orateurs y faisaient assaut d'éloquence et
éclataient en invectives contre Eugène qu'on venait
de déposer, le cardinal de Foix poursuivait sa marche
triomphante. Arrivé à Sorgues, il tourne à gauche
pour réduire Carpentras et Monteux. Ces deux villes
ayant ouvert leurs portes à la première sommation,
il paraît le lendemain devant Avignon avec son armée grossie de nouvelles recrues : là, dans le sein
du conseil tenu à ce sujet, les ennemis du Saint-Siége
parlèrent de résistance; mais la majorité, mieux
avisée, se décida à capituler. Ainsi, la fameuse question de la prééminence respective du pape sur le
concile ou du concile sur le pape, si vivement dé-
battue à Bâle à coups de syllogismes, fut décidée ici
en faveur d'Eugène par la force des armes. Quelques
évêques, jaloux de faire montre d'attachement à ce

pontife, figuraient à la tête des colonnes de son armée : heureux si, par leur présence, ils avaient pu inspirer aux soldats des idées d'ordre et de modération !

V.

COUP-D'ŒIL SUR LES GUERRES RELIGIEUSES DU COMTAT-VENAISSIN AU XVIᵉ SIÈCLE. FAITS RELATIFS A LA PAROISSE DE LAPALUD.

MAINTENANT un sujet d'autant plus intéressant qu'il est plus général va fixer nos regards : je veux parler des guerres de religion qui ensanglantèrent la France sous les règnes de Charles IX et d'Henri III. On pense bien que le Comtat-Venaissin, enclavé dans le territoire de ce vaste empire, ne fut pas exempt des calamités qu'entraînent à leur suite ces guerres désastreuses, car deux pays concentriques l'un à l'autre doivent nécessairement être solidaires dans la bonne et la mauvaise fortune. Il y a plus, dans le Comtat l'attaque et la défense furent plus vives et plus acharnées que partout ailleurs, par la raison qu'étant une annexe des États de l'Église, les catholiques devaient se croire tenus d'honneur de le conserver à son souverain légitime, et les protestants, au contraire, devaient se croire autorisés à venger sur lui les persécutions qu'ils attribuaient à la cour romaine. Ceux-ci, bornés d'abord à un petit noyau de novateurs obscurs, relégués au fond d'une province, étaient parvenus à former un parti puissant et parfaitement organisé qui ébranla le trône et força le monarque, pour s'y maintenir, à faire quelquefois des concessions que réprouvaient la dignité royale et la justice. Dans cet état de choses, quelles ne durent pas être les difficultés qui s'offrirent aux gr. nds corps de l'Etat, dépositaires des principes traditionnels de la monarchie! et le défaut de concordance que l'on aperçoit dans leurs actes politiques et religieux n'est-il pas justifié par les contradictions auxquelles se laissait aller un pouvoir faible et sans prestige, obligé de détruire le lendemain ce qu'il avait édifié la veille?

L'histoire a assez fait connaître le caractère de Catherine de Médicis, dont l'ambition démesurée et la politique tortueuse retinrent si longtemps le pouvoir en lui fournissant l'occasion et les moyens d'asservir ses trois fils sur la tête desquels s'était reposée successivement la couronne de saint Louis; mais elle n'atteignit ce but qu'en abusant de la faiblesse des jeunes princes et en nourrissant les dissensions religieuses qui déchiraient déjà le royaume. Tantôt, subjuguée par le duc de Guise, elle ne mettait aucunes bornes à ses rigueurs contre les protestants; d'autres fois, elle revenait aux conseils d'un sage et vertueux chancelier qui ne voyait de salut que dans un esprit de tolérance dont les éclairs passagers n'étaient qu'un malheur de plus, parce qu'en se dissipant ils laissaient des prétextes aux plus déplorables représailles. Élevée à l'école du trop fameux secrétaire de la république florentine et séduite par le faux éclat de ses théories, elle se persuada que la meilleure politique à suivre, après avoir divisé ses adversaires, consistait à se placer alternativement à la tête d'un parti pour affaiblir et ruiner l'autre : politique détestable, qui, au lieu de les abattre tous deux, les rendait tous deux plus puissants contre l'État. Ce système d'oscillations, qui avait souri à l'imagination de la reine-mère, ne méritait certainement pas d'avoir des imitateurs, comme nous l'avons vu de nos jours, parmi les gouvernements qui se sont remplacés en France depuis la grande époque de 89 : dangereux à la fois et déloyal, il n'était pas digne de s'acclimater dans un pays de franchise comme le nôtre, où l'on est affamé de générosité, de droiture et d'honneur. C'est cet odieux système qui coûta tant de sang et de larmes à la France ; c'est lui aussi qui produisit les longues tribulations à la faveur desquelles Catherine se maintint au pouvoir, dont la possession, à ce prix, ne tentera jamais la sagesse d'aucun prince. Est-il, en effet, permis d'oublier que c'est au nom de cette princesse que s'attachent les traditions les plus sanglantes de notre histoire ? que les massacres de la Saint-Barthélemi, non exécutés heureusement dans quelques provinces, grâce à l'énergie des comman-

dants militaires, sont le fruit de sa perfidie, comme
les guerres meurtrières qui suivirent cette catastrophe
nationale sont celui de son avidité pour le pouvoir ?
Car ces guerres, qu'on ne saurait trop déplorer et qui
servirent de prélude à l'avènement d'Henri IV, de
consolante mémoire, avaient été rendues inévitables
par le plan de conduite auquel Charles IX, prince
dépourvu d'initiative, avait eu le malheur de s'assujettir.

Il était nécessaire, avant de consigner ici les quelques particularités que nous avons recueillies sur la
paroisse de Lapalud pendant les guerres civiles du
16me siècle, de jeter un coup-d'œil sur l'état du
royaume, pour mieux faire comprendre ce qu'il eut
à souffrir du gouvernement de bascule inauguré par
la mère des derniers Valois. Les mauvais effets qu'il
devait produire frappèrent d'autant plus sur la classe
nobiliaire, qu'elle était aux avenues du pouvoir et
qu'elle comptait dans ses rangs des membres attachés
aux deux religions rivales. Si ces aperçus servent à
expliquer le flux et le reflux de la politique dans cette
portion éminente de l'ordre social et les erreurs dan-
gereuses auxquelles elle s'abandonna plus d'une fois,
ils font aussi ressortir l'instinct de fidélité qui la di-
rigeait habituellement, et dont il n'est pas surprenant
de voir l'absence momentanée à cette époque déplorable où les passions déchainées avaient jeté dans les
esprits le même trouble que celui qui parait au sein de
la nature durant le paroxisme d'une violente tempête.

Ce n'était pas seulement parmi la noblesse que l'on apercevait ces étranges anomalies : elles se faisaient aussi remarquer au cœur même du sanctuaire, où une partie du clergé nourrissait déjà des dispositions hostiles qui ne tardèrent pas à y allumer le feu de la discorde et à y faire éclater de scandaleuses défections. Ainsi, par exemple, à côté de nous, dans la ville de Saint-Paul-trois-Châteaux, les nouvelles doctrines avaient fait maints prosélytes parmi les dignitaires du chapitre cathédral. Des membres du clergé inférieur, marchant sur leurs traces et secouant comme eux le joug de la discipline cléricale, durent promettre aux chefs de la réforme de traverser le plus qu'ils pourraient les mesures d'ordre prises par l'évêque en face de ce danger, et d'encourager les dissidents à l'audace par l'espoir de l'impunité : de là, pour nous, le devoir de dire un mot en passant de l'état dans lequel se trouvait cette ville depuis que le protestantisme y avait arboré sa bannière.

Des événements tragiques se rattachent à la lamentable histoire que nous offrent les annales du pays tricastin dans le cours de cette triste période. Jean de Joly, fils de Humbert seigneur de Choin, originaire de la Bresse, en était évêque lorsque, en 1561, les calvinistes s'étant rendus les plus forts, s'emparèrent de la cathédrale, la veille de Noël, renversèrent les autels, brisèrent les statues et brulèrent, avec les reliques des martyrs,

4 .

les saintes espèces conservées dans le tabernacle ;
non contents de ces horribles méfaits, ils envahirent
les archives cléricales et jetèrent au feu tous les précieux documents qu'elles renfermaient ; puis, s'étant
mis à courir tumultuairement par les rues de la ville,
ils se portèrent à toute sorte d'excès envers les croix
et les autres monuments religieux qu'ils rencon-
traient sur leur passage. Presque tous les habitants
de la cité tricastine, avec plusieurs chanoines et un
certain nombre d'autres ecclésiastiques, se déclarè-
rent pour eux, les uns par crainte, les autres par
impiété, et abjurèrent la foi catholique. Dans cette
circonstance, l'évêque ne négligea rien pour toucher
les brebis égarées et les ramener au sein du bercail ;
mais ayant vu tous ses efforts inutiles, il se retira
après avoir établi Melchior Thoramas, son vicaire
général, *in spiritualibus et temporalibus,* que les
calvinistes, pour le punir de sa fidélité au prélat,
massacrèrent traîtreusement sur la place du marché.
Vincent Réverdit, qui lui avait succédé dans cette
charge, subit le même sort et expira sous les coups
de ces barbares, aux pieds même de l'autel où il
venait de dire la messe. L'hérésie prit tellement ra-
cine au sein de cette résidence épiscopale, que Jean
de Joly, désespérant d'y rétablir le culte catholique,
renonça à son siége. Thomas Pobel, son successeur,
n'osant pas s'y présenter en personne, ne prit possession de l'évêché que par procureur : et encore celui
qui voulut bien se prêter à cet office périlleux se tint

à une assez grande distance de la ville, en vue du clocher de la cathédrale, pendant que les notaires rédigeaient en plein air le procès-verbal d'installation.

Au temps où le premier de ces prélats fut obligé de quitter Saint-Paul-trois-Châteaux et de laisser son église à la merci des loups dévorants, les calvinistes n'avaient formé encore aucune entreprise sur le Comtat-Venaissin. Cependant, afin de résister à leurs attaques et de se mettre en garde contre une surprise, la Légation d'Avignon avait rassemblé quelques troupes sous les ordres d'un général italien, Fabrice Serbelloni, et placé des garnisons dans tous les pays frontières de la province qui paraissaient le plus exposés à une invasion. Lorsque l'heure d'agir sonna pour eux, Lapalud et Malaucène furent les premières communes pontificales qui eurent à soutenir un siége en règle de la part des religionnaires du Dauphiné, distribués en deux divisions, sous la conduite de deux chefs non moins habiles que redoutables. Le premier, Charles Du Puy-Montbrun, marcha du côté de Malaucène, et le second, appelé le baron des Adrets, dont le nom jetait l'effroi parmi les paisibles habitants des campagnes, poussa sa pointe du côté de Lapalud. On sait que la coutume de ce féroce châtelain était de ne point faire de quartier aux catholiques qui lui tombaient sous la main, et d'exercer sur eux des cruautés raffinées au-delà de toute expression. Les supplices recherchés qu'il faisait souffrir aux vaincus étaient pour lui de véritables divertissements : il s'en donna souvent de cette étrange espèce à Montbrison dans le Forez, à Pierrelatte et à Mornas. Pour ce qui est du fait relatif à cette première ville, voici comment Bayle le rapporte, sur le témoignage de deux graves autorités.

« Le baron des Adrets, dit-il, traita fort mal la » garnison de Montbrison qui s'était rendue à dis- » crétion. On eut beau lui représenter les lois de » l'humanité, il voulut se divertir à voir précipiter » ces misérables. On les monta sur la plate-forme » au-dessus de la tour, on jeta du haut en bas ceux » qui n'eurent pas le courage de se précipiter d'eux- » mêmes, et on ne pardonna pas même à leur chef. » Il n'y eut qu'un soldat à qui on sauva la vie : ayant » pris deux fois la secousse d'un bout de la plate- » forme à l'autre, comme s'il eût dessein de sauter » plus loin, il s'arrêta tout court sur le bord du pré- » cipice. Des Adrets lui dit d'un ton aigre *qu'il suf-* » *fisait d'avoir deux fois sondé le gué.* Le soldat lui » répondit hardiment *qu'il le lui donnait en quatre.* » Ce mot adoucit tellement le baron, qu'il lui fit quar- » tier pour s'être servi d'un quolibet dans une ex- » trémité si pressante. »

Tel était l'homme par qui Lapalud se vit bientôt assiégée, homme dont l'inhumanité fit tant de honte à l'amiral de Coligny, l'une des sommités honorables du parti protestant, qu'il ne l'appela plus que *le lion déchaîné.* L'épouvante qu'il avait répandue dans le Comtat par ses cruautés envers ceux qui faisaient mine de résister, lui fit ouvrir presque toutes les portes. Au milieu de ses barbares exploits, il eut cependant le chagrin d'apprendre que les catholiques, sous la conduite de Fabrice Serbelloni, s'étaient rendus maitres d'Orange, ville importante qui appartenait à un prince protestant. Il en conçut tant de dépit, qu'il se disposa sur-le-champ à envahir le domaine pontifical avec sa petite armée dont les soldats avaient des feuilles de chêne pour cocarde. On était alors en 1562, funeste millésime, d'où date pour notre province cette série de calamités qui s'abattirent sur elle, jusqu'au moment où *le plus grand des Henri* vint cicatriser les plaies de la France, en proclamant le grand principe de la liberté religieuse et de la tolérance civile qui forme la base de notre droit public.

Quoique les religionnaires ne puissent pas se laver du reproche d'avoir levé l'étendard de la révolte et de s'être rendus coupables de sacriléges attentats à l'encontre d'une religion auguste dont ils s'étaient mal à propos séparés, nous ne laisserons pas d'avouer que leurs adversaires, bien que défenseurs d'une excellente cause, ne surent pas toujours apporter dans cette défense la louable modération qui est le caractère propre des vrais enfants de l'Eglise. Ainsi, il nous sera permis de dire, avec un écrivain de l'antiquité, sans donner atteinte à la piété de nos sentiments envers cette religion sainte dont nous sommes ministre : *Intrà muros illiacos peccatur et extrà.* Non, tous les torts n'étaient pas d'un côté, ni tous les

droits de l'autre ; car, catholiques et protestants vio-
lèrent, dans le cours de cette guerre impie, les règles
sacrées de la justice et de la charité, si bien qu'en
mettant en regard leur moralité respective, on trouvera non une contradiction formelle, pareille à celle
qui éclate entre le bien et le mal, mais une simple
opposition, de la nature de celle qui se dessine entre
des choses semblables au fond et distinguées seulement par une différence du plus au moins.

Avant d'entrer dans le Comtat, le baron des Adrets
assiégea Pierrelatte où se trouvait en qualité de commandant le capitaine Richard, de Valréas, avec quelques soldats mal pourvus, qui néanmoins se défendi-
rent avec vigueur. Après avoir soutenu pendant quelques jours les attaques des assaillants autour des
murs de la ville, ces braves se retirèrent dans le château, et là, bientôt à bout de munitions, ils ne tardèrent pas à parler de se rendre, sous la condition
expresse d'avoir la vie sauve ; mais à peine sortis de
ce lieu en vertu d'une capitulation, ils furent lâche-
ment égorgés par l'ennemi qui, se jouant de la foi
jurée, les traita de la manière qu'il venait de le faire
avec les infortunés bourgeois qui n'avaient pu lui
échapper par la fuite ou par la ruse. Le bruit du
massacre de Pierrelatte fit gagner promptement le
large, comme l'observe Fantoni, aux habitants de la
riche plaine de Lapalud ; une bien faible garnison
étant restée dans ce bourg, tous les soldats qui la composaient furent passés au fil de l'épée, lorsque, après

une résistance désespérée, ils subirent la loi du
vainqueur. On aura sans doute remarqué l'épithète
flatteuse dont l'historien d'Avignon gratifie le territoire de notre commune : ce qui prouve qu'à l'époque
où écrivait cet auteur, c'est-à-dire vers le milieu du
17ᵐᵉ siècle, l'agriculture avait déjà fait de très-
grands progrès dans ce pays qui n'était au moyen-
âge qu'un vaste marais transformé plus tard, par
l'industrie des habitants naturellement travailleurs,
en une terre apte à produire les plus riches récoltes.

De Lapalud, le terrible baron marche sur le Pont-
Saint-Esprit dont il s'empare avec le même accom-
pagnement de cruautés. Après avoir mis le feu au
monastère du prieuré et brûlé ses archives, il part de
cette ville, en y laissant pour gouverneur un nommé
Dupont, officier habile, dont les soldats qui tournent
tout en plaisanterie disaient : *qu'il fallait l'esprit de
Dupont pour tenir en échec le Pont-Saint-Esprit.*
Bollène, où il alla tout de suite, éprouve le sort de
Lapalud; mais elle est bientôt reprise par les catholiques. Valréas, Montdragon, Mornas et les moindres
lieux des environs sont également pillés et ravagés;
et tout cela en si peu de temps, que le mal était fait
avant que le général Serbelloni eût pu réunir assez
de troupes pour l'empêcher.

Le siége de Lapalud a laissé peu de traces dans
l'histoire; mais en s'aidant des souvenirs traditionnels et en contemplant les vestiges de la canonnade
encore inscrite sur la face occidentale du clocher, il

est facile de reconnaître que le camp du baron était
assis sur les prés qui bordent le béal de M. Tonduti
de Lescarène. La disposition des lieux rendait sans
doute plus aisée l'attaque par là que par les autres
côtés où des fossés bourbeux offraient aux assaillants
un obstacle assez difficile à surmonter pour arriver
au pied des remparts. Lorsque l'ennemi se rendit
maître de la place, des scènes d'impiété s'y accom-
plirent à l'encontre des objets consacrés à la religion.
L'église dévastée, les autels jetés au feu, les saintes
images profanées, les archives brûlées, les ornements de la sacristie lacérés, le clocher papal mutilé,
la rampe en fer de son balcon arrachée, tels furent
les principaux exploits de ces modernes iconoclastes.
C'est dans cette circonstance que les calvinistes ra-
sèrent la chapelle du marais sous le vocable du Bon-
Pasteur, et dévastèrent celle de N. D. des Plans d'où
de saintes personnes avaient heureusement retiré la
Vierge miraculeuse qui attirait un si grand concours
de pèlerins. On sait que, dans l'appréhension d'une
crise politique quelconque ou dans la crainte plus
redoutable encore d'une guerre civile, chacun s'empresse de cacher ce qu'il a de précieux et surtout
le fruit de ses épargnes, afin de le soustraire à la
convoitise des ennemis du dedans ou à la rapacité
des ennemis du dehors. C'est de là que proviennent
ces trésors que l'on découvre de temps à autre au
milieu des champs lorsqu'on les travaille à une certaine profondeur, ou dans de vieilles masures qu'on

démolit jusqu'aux fondements pour établir en leur place des demeures confortables et appropriées aux usages de notre siècle. Ainsi, il est probable que celui que l'on trouva ici, scellé dans un vieux mur, à l'hôtel de M. le comte de Maligeac, lorsque son nouveau maître voulut le faire rebâtir, y avait été placé lors du siége de Lapalud par les calvinistes. On a pensé que ce dépôt, gaspillé par les ouvriers au préjudice du propriétaire qui n'en put avoir qu'une faible partie, devait représenter une somme d'environ 4000 francs, somme considérable pour le temps dont il s'agit ; il était composé de monnaies françaises et pontificales de l'époque des Valois, toutes très-bien conservées, et quelques-unes au type des cardinaux légats d'Avignon. Tombées d'abord en la possession d'hommes peu capables de les apprécier et puis vendues à des orfèvres, ces pièces d'or et d'argent, qui avaient une grande valeur comme médailles, allèrent bientôt orner le cabinet des curieux et les musées des départements voisins, mieux à portée que les autres d'en faire l'acquisition.

Lapalud resta plus d'une année entre les mains des calvinistes qui, sans doute, y installèrent les rites de Genève au sein de sa vieille église ; mais enfin, grâce à un de ces revirements de politique dont la cour de France aimait à donner le spectacle, elle fut restituée au pape par ordre du roi, avec les autres communes dont ils s'étaient emparés dans le Comtat-Venaissin. Ce roi était Charles IX, qui, de concert

avec sa mère Catherine de Médicis, avait pris le parti
de visiter les provinces du midi dans un but de pa-
cification. Il faut dire ici, si on l'ignore, que ce
prince, arrivé à Pierrelatte, au lieu de venir à Lapalud, passa par La Garde-Adhémar, Saint-Paul-trois-
Châteaux, Suze-la-Rousse, où il tint sur les fonts de
baptême, avec la reine-mère, la fille du seigneur de
ce lieu, à qui on donna le nom de *Catherine-Char-
lotte,* pour lui rappeler l'éclat de son royal parrainage.
De là il se rendit à Bollène, première place du Comtat en suivant cette ligne, Bollène, où Rangon marquis de Longiano s'étant trouvé comme délégué
pontifical, il lui offrit les clefs de la ville au nom de
Sa Sainteté ; puis à Mornas, où le gouverneur ayant
fait venir l'infortuné que les soldats du baron des
Adrets avaient précipité du haut du rocher en bas
l'année précédente, et que la sainte Vierge avait
sauvé d'une mort certaine, le prince lui donna une
gratification de quarante écus avec son entretien, pendant toute sa vie, dans l'abbaye de Saint-André lez
Avignon. De Mornas le Roi, toujours accompagné de
sa mère, s'achemina vers Avignon où il fut reçu au
milieu des plus vives acclamations.

Je ne donnerai pas plus de détails sur cette guerre
qu'avait allumée le fanatisme religieux dans une
province qui se trouvait heureuse sous le sceptre
paternel du pontife romain ; ce ne serait, d'ailleurs,
qu'une interminable exhibition de scènes dégoûtan-
tes d'horreurs, telles que des villages pris et repris,

des châteaux ruinés, des églises violées, des monas-
tères profanés, des campagnes ravagées, des maisons incendiées, de petits combats livrés çà et là dans
des rencontres imprévues, où souvent l'inconstante
victoire désertait la bonne cause pour passer dans le
camp ennemi. Cet état de choses dura trop longtemps pour le malheur de ce pays, et en le rappelant
à mes paroissiens, je n'ai eu d'autre but que de leur
faire bénir la providence qui les a fait naître dans un
temps meilleur, où catholiques et protestants vivent
en une parfaite intelligence, tous également soumis
aux lois, servant le prince et dévoués aux intérêts
de notre belle patrie.

Dans ces tristes conjonctures , la paroisse de Lapalud avait trouvé deux puissants protecteurs dans
la maison de Frémigières, maison illustre dont l'influence salutaire ne contribua pas peu à la préserver
de l'invasion des nouvelles doctrines. L'un d'eux, le
comte de Montaigu, était à la tête de deux compagnies
de cavalerie, tandis que l'autre frère du précédent,
chevalier de Malte et qu'on appelait, à cause de cela,
le Commandeur de Lapalud, était à la tête de plusieurs compagnies d'infanterie ; tous deux faisaient
partie de l'armée catholique qui, sous le commandement du comte de Suze, avait pour mission de sil-
lonner le Comtat dans tous les sens, afin d'y protéger
les villes et les bourgs exposés à l'attaque de l'ennemi. En outre de ce solide appui, la même paroisse
en avait rencontré un autre, non moins considérable,

auprès d'un dignitaire qui jouissait d'un très-grand crédit à la cour du légat d'Avignon. Ce dignitaire était Jean de Nicolaï, chanoine de la cathédrale de cette ville, à qui l'évêque d'Apt, son oncle, prévôt de Saint-Paul-trois-Châteaux, avait légué ses sentiments de sympathie envers les populations qui composaient ce dernier diocèse. Louis de Pérussis le compte parmi les nobles personnages qui, pendant les troubles de la guerre civile, se distinguèrent par la sagesse de leurs conseils et l'excellence de leur conduite. Rien d'étonnant que, sous le triple patronage des Montaigu, des Nicolaï et de l'épiscopat tricastin, les habitants de Lapalud aient été à couvert des séductions de l'hérésie, et se soient pleinement conservés dans la pratique du culte de leurs pères. Les calvinistes ne s'emparèrent de ce pays qu'une seule fois ; cependant ils essayèrent en plus d'une occasion de le reprendre, mais ce fut inutilement. Grâce à la bonne disposition des citoyens chez lesquels il ne se rencontra ni traîtres ni apostats ; grâce à la présence d'un gouverneur que le cardinal d'Armagnac y avait établi à titre de pays frontière ; grâce à la double ceinture de fossés dont on cerna le bourg, l'une au pied des remparts et l'autre plus écartée, dont on retrouve les disgracieux vestiges en avant et en arrière du vieux cimetière ; grâce enfin à la forte garnison qui avait été placée à Bollène avec ordre de rayonner vers tous les lieux menacés par l'ennemi, la paroisse de Lapalud ne retomba plus sous le joug d'un insolent vainqueur, et ainsi elle n'eut plus la douleur de voir son église profanée par des rites qui n'étaient pas les siens.

Quoique le diocèse de Saint-Paul-trois-Châteaux fût privé de son évêque depuis l'origine de ces funestes événements, le culte catholique dans Lapalud, sauf une légère intermittence, ne subit point de suspension ; car, après la retraite des calvinistes, les prêtres, sous la conduite de leur curé, y revinrent bientôt, et ayant réparé les ruines du sanctuaire, ils s'empressèrent de réinstaller l'hôte divin de nos tabernacles, et de reproduire les pompes de la religion, à la grande satisfaction des fidèles. Nous lisons dans la chronique de l'époque que Fabrice Serbelloni, cousin germain du pape régnant, général en chef des troupes pontificales dans le Comtat, ayant parcouru toutes les communes de cette province, donna des ordres pour que les baptêmes et les mariages faits par les ministres protestants fussent immédiatement régularisés par les ordinaires des lieux. L'exécution de cette mesure, qui, dans beaucoup de localités, amena au pied des autels grand nombre d'époux, portant avec eux les enfants issus de leurs mariages non bénis par l'Eglise, n'offrit ici qu'un résultat négatif, par la raison qu'aucune défection ne s'était déclarée au sein de cette population fidèle. Nous lisons encore que Lapalud s'associa, par des démonstrations enthousiastes, à la joie qui éclata dans Avignon lorsque le cardinal d'Armagnac fit

publier les décrets du concile de Trente sur le saint
Sacrement de l'Autel et sur le maintien de la Fête-
Dieu si sympathique au cœur et à l'imagination des
peuples du midi de la France. La même paroisse eut
encore l'avantage de se voir désignée pour le lieu où
les chefs du parti catholique devaient se réunir pour
aviser aux moyens de tenir en échec ceux de la religion réformée, et de ramener les esprits à la paix.
Cette réunion eut lieu dans la maison du comte de
Maligeac, qui sert actuellement d'hospice aux mala-
des. Parmi les membres de l'assemblée on vit figurer
en première ligne le comte de Tende, gouverneur
de Provence, le comte de Carces, grand-sénéchal de
cette province, et le baron de Gordes, de l'illustre
maison de Simiane, gouverneur du Dauphiné. —
Je ne terminerai pas cet article sans faire remarquer
que la pratique des pèlerinages à des sanctuaires
renommés, un moment abandonnée dans le feu de
la guerre civile, fut reprise à la suite de la pacifica-
tion de Charles IX. Ainsi ceux qu'on avait coutume
de faire à Saint-Jean de Montségur pour les affections
nerveuses, à Saint-Pierre-ès-Liens de Lapalud pour
les fièvres intermittentes, et à N. D. des Plans de
Montdragon pour toutes les maladies de l'âme et du
corps, reprirent leur cours avec redoublement de
ferveur, malgré les sarcasmes dont ces pieuses ma-
nifestations étaient l'objet de la part des calvinistes.
Tant, en présence des dangers qui menacent notre
frêle existence, la piété s'exalte et excite l'homme à

demander au ciel ce que la terre parait ne pas pouvoir lui accorder ! Le soin de se ménager cette unique ressource dans les nécessités de la vie, animait
alors la religion du peuple et aussi celle des grands ;
car Louis de Pérussis, dans sa chronique, n'oublie
pas de relater que le maréchal de Damville, de la
noble maison de Montmorenci, se trouvant à Pont-
Saint-Esprit, n'avait pas manqué, toute affaire ces-
sante, d'aller avec son épouse ouïr la messe à N. D.
des Plans , pour y acquitter le vœu qu'il fit étant
malade. Ce qui, en venant à l'appui de mon assertion
sur l'heureuse disposition des hautes classes, prouve
de reste que, de par le monde, on parlait des mer-
veilles qui chaque jour s'opéraient dans cette chapelle à moitié ruinée, aux pieds de la bonne Vierge
que des mains pieuses avaient sauvée des sacrilèges
profanations des ennemis de la foi (1).

---

(1) Pour la rédaction de cet article on a consulté les livres
suivants :

1º *Histoire des guerres du Comtat-Venaissin,* par le P. Justin,
de Monteux.

2º *Histoire des guerres du Comtat,* par M. le marquis d'Aubais.

3º *Histoire des évêques de Saint-Paul-trois-Châteaux,* par le P.
Anselme, dominicain.

4º *Istoria d'Avignone,* par Fantoni.

5º *Recueil de notes historiques,* par M. l'abbé Rose.

6º *Essai historique sur le parlement de Provence,* par Prosper
Cabasse, conseiller à la cour royale d'Aix, t. 1er.

FAITS HISTORIQUES CONTEMPORAINS.

I.

CAPITULATION A LAPALUD DE L'ARMÉE ROYALE SOUS LES ORDRES DU DUC D'ANGOULÈME.

La France, par le retour des Bourbons, avait repris sa place dans la grande famille de l'Europe, et tout lui aurait garanti une prospérité durable sous le règne de ces princes, si l'armée eût partagé les sentiments d'une partie considérable de la nation ; mais elle ne montra, dès le moment de la Restauration, que des dispositions, sinon hostiles, du moins équivoques. Mille et mille fois décimée par Napoléon en qui s'était incarné le génie de la guerre, mais attachée de cœur à ce grand homme sous lequel on la vit entrer en triomphatrice dans les grandes capitales du continent, elle formait des vœux pour lui, et sous sa blanche cocarde vivait toujours l'esprit de la révolution de 89. Ces vœux dont Napoléon était l'objet, ces vœux qui s'adressaient à lui comme à la plus haute personnification de la gloire, divinité toujours chère aux Français, ne tardèrent pas à s'accomplir.

Il parut en effet, dès les premiers jours du mois de mars, sur les côtes de la Provence ; sa marche fut rapide et réalisa la célèbre métaphore de l'aigle impériale volant de clocher en clocher jusqu'aux tours de Notre-Dame, en sorte que les moyens de résistance qu'on lui opposa devinrent, par l'entraînement bien excusable dans des militaires enthousiastes de leur chef, autant de moyens d'invasion. Ainsi se passa le 20 mars 1815, jour fatal à la France : la veille elle était en paix avec toute l'Europe, le lendemain toute l'Europe se levait contre elle.

Ce n'étaient pas seulement les puissances étrangères que le retour de Napoléon appelait aux armes : la Vendée, se déclarant contre lui, fit entendre le cri de guerre. A son exemple, plusieurs villes du midi de la France déployèrent la même énergie. Ce fut alors que Bordeaux, menacé par une armée impériale, vit la fille des rois conjurer les soldats de la garnison de conserver au roi la ville qu'ils lui avaient juré de défendre, n'en recevoir qu'un refus désavoué sans doute par leur cœur, verser des larmes amères et ne pouvoir les ramener à la fidélité. Les Bordelais, indignés, sollicitèrent l'honneur de prendre eux-mêmes les armes et de remplacer ces soldats qu'avait fascinés le prestige d'un grand nom identifié dans leurs cœurs avec l'honneur national et les principes de la France nouvelle. La princesse se refusa à leurs instances, dans la crainte d'exposer aux horreurs de la guerre une ville si fidèle et si dévouée.

Mais elle ne put la quitter qu'en abandonnant à la
foule éplorée une partie de ses vêtements, comme
une marque de son affection et un gage de son prochain retour. En même temps, son époux, le duc
d'Angoulême, luttait contre Napoléon à une autre
extrémité de la France, dans le Dauphiné près de
Lapalud, qui formait le centre de ses opérations militaires. On sait que le plan adopté par ce prince consistait à se porter rapidement sur Lyon avec trois
corps d'armée ; l'occupation de cette grande ville
aurait assuré au roi tous les départements du midi,
si, comme l'espérait S. A. R., les troupes étrangères,
conformément à la déclaration du congrès de Vienne,
du 13 mars, avaient pénétré en France pour agir
contre *l'usurpateur,* ainsi qu'alors on s'exprimait en
haut lieu. Le mouvement des royalistes offrait en ce
cas aux alliés une puissante diversion ; mais, trahi
sur le champ de bataille par presque tous les soldats,
sauf ceux du 10e de ligne qui lui demeurèrent fidèles, il se vit dans la nécessité ou de fuir en laissant
ses amis dévoués mourir pour assurer sa retraite, ou
d'en venir à une capitulation qui, en les sauvant, le
mettait lui-même au pouvoir des impériaux, moins
ennemis pourtant de sa personne que du principe
qu'elle représentait. En présence de cette alternative,
il ne balança pas, et se rendit en stipulant la liberté
pour les royalistes qui étaient venus se ranger sous
ses bannières.

NÉGOCIATIONS ENTRE LES DEUX PARTIS.

En conséquence, le prince autorisa son chef d'état-major, d'Aultane, à conclure une convention qui assurât la retraite de l'armée royale. Ce général partit de suite de Pierrelatte, où se trouvait alors le quartier-général, pour le Pont-Saint-Esprit où, après avoir conféré avec le colonel Saint-Laurent du 10e de chasseurs, il obtint que la marche du prince sur Marseille ne serait point inquiétée, non plus que celle des officiers de sa suite ; que le 1er bataillon du 10e de ligne et même tout le régiment, si S. A. R. le désirait, lui servirait d'escorte. En outre, il fut convenu que le général Berger, avec tout le personnel et le matériel de l'artillerie, rentrerait, le 9 avril, à Pont-St-Esprit; que les gardes nationales de Vaucluse seraient licenciées ; que celles du Gard, de l'Hérault et des autres départements situés sur la rive droite seraient renvoyées en la même ville pour y recevoir des feuilles de route ; que les administrations enfin de l'armée royale, ainsi que les officiers de l'état-major, auraient la même destination pour s'y mettre en mesure de regagner librement leurs foyers.

Dans la lettre par laquelle le général d'Aultane informait le prince de ces conditions, il ajoutait :

« V. A. R., une fois rendue à Marseille, le 10e

» régiment de ligne rétrogradera sur Aix où il tien-
» dra garnison jusqu'à nouvel ordre. Un officier de
» l'état-major du général Gilly sera désigné pour ac-
» compagner V. A. R. jusqu'à Marseille, et rendra
» compte de l'exécution des conventions ci-dessus
» dont je demeure ici le garant. »

Le duc d'Angoulême consulta les généraux qui se
trouvaient auprès de lui ; ils furent tous d'avis de
ratifier les conditions proposées, la position du prince
et le découragement des troupes ne laissant plus aucun espoir de salut. En conséquence, S. A. R. écrivit
de Pierrelatte la lettre suivante que le baron de Damas
fut chargé de porter au chef d'état-major de l'armée
royale :

« Monsieur le général d'Aultane, j'accepte les pro-
» positions que vous avez arrêtées, avec les modifi-
» cations suivantes : 1° aucun officier de l'état-major
» du général Gilly ne sera à mon quartier-général :
» ma parole doit suffire ; 2° les troupes suivront la
» journée d'étape et feront les séjours accoutumés ;
» 3° l'escorte du 14ᵉ de chasseurs qui m'a suivie jus-
» qu'ici me suivra jusqu'à Marseille, ainsi que le 10ᵉ
» de ligne ; 4° je ne serai suivi par aucune troupe à
» moins de deux étapes de distance ; 5° les officiers
» d'état-major qui voudront m'accompagner en auront
» la liberté ; 6° le 10ᵉ de ligne ne quittera Marseille,
» pour se rendre à Aix. qu'immédiatement après mon
» départ. »

CONVENTION DE LAPALUD.

Le général Gilly, à la tête de ces mêmes troupes que le prince avait fait rassembler pour sa défense, occupait la route d'Avignon entre Lapalud et Mont-dragon ; il avait reçu du ministre de la guerre le décret de Napoléon qui le nommait commandant en chef du premier corps de l'armée impériale du Midi et des 8e et 9e divisions militaires. Ses instructions portaient de laisser garnison à Pont-Saint-Esprit, de passer le Rhône et de prendre une position qui rendît impossible la retraite de l'armée royale. Le général d'Aultane écrivit de nouveau au duc d'Angoulême pour l'informer que le général Gilly refusant de rati-fier la convention conclue avec le colonel Saint-Lau-rent, en avait rédigé une seconde qui ne différait au surplus que par le choix du port de Cette pour l'em-barquement du prince au lieu de celui de Marseille. Le baron de Damas, de retour au quartier-général de l'armée royale, annonça que tout venait d'être réglé d'après les bases convenues, qu'il allait repartir im-médiatement pour faire signer le traité au général Gilly, et que S. A. R. pouvait sans inconvénient se rendre de Pierrelatte à Lapalud avec ses troupes. En effet, le lendemain M. de Damas rapporta la nouvelle convention qui renfermait les conditions suivantes : l'armée royale était licenciée et les gardes nationaux rentraient dans leurs foyers après avoir déposé les armes ; tout ce qui s'était passé antérieurement au présent traité devait demeurer dans l'oubli ; les troupes de ligne se dirigeraient sur les garnisons qui leur seraient assignées, et les officiers de tous grades seraient libres de donner leur démission ; le prince se rendrait au port de Cette et s'y embarquerait avec sa suite pour telle destination qu'il lui plairait de choisir ; des postes de l'armée du général Gilly seraient placés à chaque relais pour protéger le voyage du prince auquel on rendrait tous les honneurs dus à son rang, s'il en témoignait le désir ; enfin les officiers et autres personnes de sa suite auraient la faculté de le suivre et de s'embarquer sur le même bâtiment. Il était convenu, en outre, qu'aucune troupe de ligne, excepté les escortes, ne se trouverait sur le passage du prince, et que jusqu'à sa sortie de France le présent traité resterait secret.

Dès le jour même, les gardes nationaux et les volontaires royaux furent licenciés ; le régiment royal étranger sortit de Lapalud, et des ordres furent donnés de remettre toute l'artillerie aux officiers du général Gilly, chargés de la recevoir. Sur ces entrefaites, le général Letellier, envoyé par le général Grouchy, arriva à Lapalud pour passer en revue le 10e de ligne et installer un nouveau colonel. Déjà ce bourg était évacué par les troupes royales, le 10e de ligne excepté. A 9 heures du soir, cinquante chasseurs du 10e régiment de cavalerie se présentèrent pour escorter le prince; celui-ci ne voulut emmener avec lui que les officiers de sa maison, tels que le duc de Guiche, le vicomte d'Escars, le baron de Damas et le vicomte de Lévi.

LE GÉNÉRAL EN CHEF GROUCHY REFUSE DE RATIFIER LA CAPI-
TULATION DE LAPALUD AVANT D'AVOIR REÇU LES ORDRES
DE NAPOLÉON, ET FAIT GARDER A VUE LE DUC D'ANGOULÈME.

Cependant le général Grouchy avait descendu le Rhône, accompagné du général Corbineau, aide de camp de Napoléon. Apprenant qu'un courrier portait à Paris la convention de Lapalud, il arrête la dépêche, se rend au quartier-général de Gilly, fait inviter le baron de Damas à une conférence, et lui déclare qu'il ne peut prendre sur lui-même de ratifier la convention, attendu que le signataire n'avait pas les pouvoirs nécessaires; en même temps il fait remettre au duc d'Angoulème, au moment où ce prince arrivait à Pont-Saint-Esprit, la note suivante :

« Mgr le duc d'Angoulème ayant capitulé avec le » général Gilly, et le général en chef qui arrive à » l'instant à Pont-Saint-Esprit n'ayant point eu de part » à cette capitulation, le général est forcé de ne l'ap- » prouver qu'après avoir pris les ordres de Sa Majesté. » S. A. R. est priée ou de s'arrêter à Pont-St-Esprit » ou de se rendre à petites journées à Cette. Les or- » dres de S. M. arriveront avant que S. A. R., voya- » geant ainsi, puisse arriver à sa destination. »

Conduit à la maison du maire que ce magistrat lui avait fait préparer, le prince, qui prit le premier parti qu'on venait de lui proposer, fut entouré d'une garde. Il ne fut permis à aucune personne de sa suite de sortir ou de communiquer au dehors, à l'exeption du baron de Damas chargé de traiter avec les généraux de Napoléon. Fidèle aux conventions, alors même que la ratification en était suspendue, le prince, informé que le colonel Magnier, ardent pour la cause royale, refusait de poser les armes depuis la non exécution du traité de Lapalud, lui enjoignit de maintenir la parole donnée.

NAPOLÉON APPROUVE LA CAPITULATION.

La dépêche télégraphique annonçant la convention de Lapalud fut apportée sur le champ à Napoléon par le duc de Bassano, et ce ministre, malgré l'opposition de plusieurs personnages, décida son maître à répondre, par la même voie du télégraphe, qu'il approuvait la capitulation. Peu de moments après, une seconde dépêche annonça que le général Grouchy n'avait pas cru devoir autoriser, sans l'aveu de l'empereur, l'exécution de la convention, et que le duc d'Angoulême s'était constitué prisonnier. Le duc de Bassano se hâta de transmettre les premiers ordres de Napoléon, et ne l'instruisit de l'annulation de la convention que lorsque l'obscurité de la nuit eut rendu impossible toute communication télégraphique. Napoléon eut connaissance de la généreuse hardiesse de son ministre, et loin de lui en savoir mauvais gré, il lui dicta la lettre suivante :

« Monsieur le comte de Grouchy,

» L'ordonnance du roi, en date du 6 mars, et la » déclaration signée le 13 à Vienne par ses ministres » pourraient m'autoriser à traiter le duc d'Angoulême » comme cette ordonnance et cette déclaration vou- » laient qu'on me traitât moi et ma famille ; mais, » constant dans les dispositions qui m'avaient porté à » ordonner que les membres de la famille des Bour- » bons puissent sortir librement de France, mon in- » tention est que vous donniez des ordres pour que » le duc d'Angoulême soit conduit à Cette où il sera » embarqué, et que vous veilliez à sa sûreté et à écar- » ter de sa personne tout mauvais traitement. Vous » aurez soin seulement de retenir les fonds qui ont été » enlevés des caisses publiques, et de demander au » duc d'Angoulême qu'il s'oblige à la restitution des » diamants de la couronne qui sont la propriété de » la nation. Vous lui ferez connaître en même temps » les dispositions des lois des assemblées nationales » qui ont été renouvelées et qui s'appliquent aux » membres de la famille des Bourbons qui rentre- » raient sur le territoire français. »

En attendant cette décision, le prince, gardé à

vue, supportait sa nouvelle disgrâce avec calme et
fermeté. Le marquis de Rivière, informé de sa dé-
tention, écrivit au général Grouchy que s'il ne rendait pas la liberté au prince, il appellerait les Anglais
dans le port de Marseille, et ferait insurger toute la
Provence. Mais ces menaces restèrent sans effet.

Enfin le 14 avril, dans l'après-midi, le général
Corbineau fit dire au prince, par le baron de Damas,
que les obstacles qui s'opposaient à son départ allaient
être levés, sous la seule condition que S. A. R. pren-
drait l'engagement de faire restituer les diamants de
la couronne qui se trouvaient entre les mains du roi
ou de Madame. Le duc d'Angoulême répondit que
Madame n'avait rien qui appartint à la couronne, et
qu'il ne pouvait s'engager à aucune restitution semblable le roi étant le maître ; mais qu'il promettait
d'en faire la demande, puisque sa liberté était à ce
prix. Cette réponse forma un article supplémentaire
de la capitulation de Lapalud.

LE DUC D'ANGOULÈME S'EMBARQUE AU PORT DE CETTE
POUR SE RENDRE EN ESPAGNE.

Le prince partit le lendemain 15 avril, accompa-
pagné du lieutenant-général Radet, et prit la route
de Cette, où il s'embarqua, dans la soirée du 16, à
bord d'un navire suédois. Deux jours après, le 18

au matin, il aborda les côtes de Catalogne et débar-
qua à Barcelonne, capitale de cette province.

Ainsi fut terminée l'expédition du Midi, qu'un
noble prince avait entreprise pour soutenir la vieille
monarchie qui croulait de toute part : Nimes la vit
naître et Lapalud la vit mourir, deux localités admi-
rablement disposées pour le rôle que le hasard leur
assigna dans ce grand drame politique, la ville pour
improviser de nombreuses phalanges et le village
pour étaler de tristes funérailles. L'issue d'une pareille campagne n'avait pu paraître douteuse qu'à
ceux qui n'ont point l'expérience des hommes et des
choses. Les royalistes des départements méridionaux
s'étaient étrangement abusés sur leurs forces, sur la
prochaine exécution des mesures arrêtées par les
souverains alliés, sur l'influence qu'ils espéraient
exercer sur des troupes dont l'esprit était le même
que celui des autres corps déjà déclarés pour Napoléon. Les mêmes causes ne devaient-elles pas amener
les mêmes résultats ? Le duc d'Angoulème fit tout ce
qu'on devait attendre de son rang et de sa valeur :
mais le zèle, le dévouement de ses amis et de ses
serviteurs étaient insuffisants pour faire triompher
une cause contre laquelle s'étaient dressés des adversaires aussi redoutables.

Comme cette notice historique a été rédigée au
point de vue religieux, on ne trouvera pas étrange
que je dise ici que, pendant les deux jours que le duc
d'Angoulème resta à Lapalud, le curé de la paroisse

avait célébré la sainte messe dans l'un des apparte-
ments de l'hôtel où le prince était logé ; que cet ec-
clésiastique lui avait prodigué les consolations de la
religion, et que ce fut pour le récompenser de son
zèle dans cette douloureuse circonstance que la munificence royale s'étendit plus tard sur son église
qu'il était en voie d'agrandir, munificence dont la
paroisse a gardé bon souvenir, ainsi que le prouve
l'inscription placée sur la pierre monumentale de la
dédicace de cette église (1).

II.

PASSAGE A LAPALUD DU ROI DE NAPLES ET DE LA REINE D'ESPAGNE. POMPE DE LA FÊTE DE CHARLES X.

APRÈS avoir exposé en détail les divers incidents
de la capitulation de Lapalud où un noble prince,
vaincu par la force des circonstances politiques sans
l'avoir été dans les combats, se livra entre les mains
de ses ennemis, afin de pouvoir stipuler en faveur

---

(1) Pour la rédaction de cet article on a consulté l'ouvrage intitulé : *Victoires et conquêtes*, édité par Pankoucke, t. 24.

de la liberté de ses troupes, nous voici amenés à
raconter un événement d'un autre genre, arrivé plusieurs années après, et dont le caractère gracieux
servira de contre-poids à la tristesse du récit précédent. On le voit, nous passons ici d'un fait à un autre
sans transition, c'est-à-dire sans parcourir les degrés
intermédiaires qui les séparent. Comment en serait-il
autrement dans une notice qui intéresse une petite
localité, notice où les événements se groupent plutôt
selon les convenances de l'écrivain que selon l'ordre
de la réalité? Encore qu'ils aient apparu dans l'histoire à des époques fort différentes, on ne laisse pas
de les mettre pour ainsi dire côte à côte, en les fixant
dans un cadre étroit d'où semble banni tout rapport
de durée et d'espace. Seulement, pour éviter le danger d'une confusion inévitable, il est nécessaire,
dans le cours ou au commencement du récit, de les
localiser avec précision et d'en fixer le moment par
une date certaine. C'est ce que je vais exécuter pour
le fait que j'ai en vue, afin que personne ne tombe
dans aucune méprise : ce fait est le passage du roi de
Naples, alors que ce prince allant conduire à son royal
époux la future reine d'Espagne, reçut à Lapalud les
hommages de tous les grands fonctionnaires du département. Par une coïncidence aussi heureuse
qu'inespérée, le jour qui vit défiler cette longue suite
de voitures royales était celui-là même où la France
célébrait la fête de Charles X. Ainsi double pompe
dans ce modeste bourg, à laquelle la présence du

monde officiel prêtait la splendeur d'une solennité nationale. Voici le compte-rendu qu'en donna à ses abonnés le principal organe de la publicité dans Avignon :

Lapalud, 4 novembre 1829. — « La célébration de la fête de notre auguste monarque s'est accomplie dans cette commune avec une pompe dont les habitants conserveront un long souvenir. Elle a été pour eux l'occasion de faire éclater les sentiments d'amour et de dévouement dont ils sont animés envers le prince qui préside aux destinées de la France. Annoncée la veille par le son des cloches et le tir des boites, seule artillerie des petites localités, elle l'a été encore le jour même à l'apparition de l'aurore. On a célébré dans l'église paroissiale une messe solennelle, durant laquelle les musiciens du 29e de ligne, en garnison à Avignon, venus ici pour le passage du roi de Naples et de la reine d'Espagne, ont exécuté des morceaux d'harmonie avec un ensemble parfait. Cette circonstance ayant aussi amené M. le préfet avec les premiers fonctionnaires du département, l'église empruntait de leur présence l'aspect le plus imposant. On remarquait parmi eux M. le général Madier de Lamartine, commandant de la subdivision militaire ; M. le marquis de Villeneuve de Vence, pair de France ; M. le duc de Grammont-Caderousse ; M. le marquis de Balincour ; M. le Mis de Rochegude, député, avec M. Reboul, son collègue ; M. le comte de Pontbriant, sous-préfet d'Orange ; M.

le comte de Martignan, sous-préfet d'Apt ; M. le comte
de Grimaldi, sous-préfet de Carpentras ; M. le comte
de Varicourt, secrétaire général de la préfecture de
Vaucluse, et grand nombre d'autres personnes de
distinction. Cinq à six brigades de gendarmerie,
réunies à Lapalud pour former l'escorte de S. M.
Sicilienne, et une nombreuse garde nationale avec
des bouquets de fleurs ou des branches de verdure
au bout de leurs fusils remplissaient la nef du milieu
et les bas côtés de l'église. La foule occupait tout le
reste ou garnissait les tribunes. L'émotion la plus
vive s'est peinte sur les visages de la noble assistance
lorsque le chœur a entonné la prière pour le roi,
dont la musique a soutenu le chant avec l'utile ren-
fort de ses basses puissantes.

» Dans l'après-midi, le corps municipal, grossi
par l'adjonction de toutes les notabilités plus haut
mentionnées, s'est acheminé, entre deux haies for-
mées par la garde nationale, vers l'hôtel de la Poste,
pour y attendre l'arrivée de Madame la duchesse de
Berry qui précédait son auguste père d'un intervalle
de quelques heures ; celle fixée pour son passage
ayant sonné, la princesse n'a pas tardé à paraître.
Accueillie par les acclamations du peuple et par les
cris de *vive le Roi !* elle a été complimentée par M. le
préfet sous un arc-de-triomphe fort élégamment dé-
coré, où elle a reçu un magnifique bouquet de fleurs
naturelles des mains de madame la duchesse de
Grammont.

» Après cette réception, on s'est dirigé vers un autre arc-de-triomphe, construit à la limite du département, à côté duquel était une tente élégante destinée à servir d'abri aux honorables fonctionnaires qui faisaient partie du cortège. Autour du monument, de nombreux pelotons d'hommes et de femmes, tous en habits de fête, formaient un groupe immense dont le périmètre grossissait à vue d'œil ; car, à chaque instant, en aval et en amont de la colonne kilométrique qui sépare la Drôme de Vaucluse, on voyait arriver des foules si nombreuses de curieux, que les avenues de la grande route chargées de ces masses mobiles vous donnaient l'idée de deux larges canaux coulant à pleins bords à l'opposite l'un de l'autre, et poussant leurs flots vers le même réservoir. Les élèves du collége de Bourg-Saint-Andéol et ceux du petit séminaire de la même ville avaient pris position auprès des pilastres qui soutenaient le faîte de cet édifice de verdure sous lequel la voiture du roi devait stationner quelques instants.

» Malgré la promesse officielle de l'itinéraire, les augustes voyageurs ne sont arrivés que bien après le moment fixé pour leur passage. De ce que les princes se font quelquefois attendre, est-on pour cela en droit de les taxer de faillir à *la politesse des rois ?* non, certes, parce que leurs heures ne sont pas toujours celles du public naturellement porté à l'impatience quand quelque chose contrarie la réalisation immédiate de ses désirs. Ici, sans doute, le chronomètre de S. M. Sicilienne ne marchait pas d'accord avec celui de notre clocher papal ; mais on ne s'est point livré à des boutades autres que celles qui étaient provoquées par le froid vif et piquant du vent du nord. Pendant que chacun supportait de son mieux les ennuis de cette longue et pénible attente, voici venir enfin la voiture tant désirée qui s'arrête sous les voûtes de buis qu'on avait improvisées pour signaler l'entrée du territoire vauclusien. Là, S. M. est haranguée par M. le préfet, dont elle écoute le discours avec une extrême bienveillance, et, en recevant les bouquets et les fleurs que ce magistrat lui offre, elle répond « qu'elle voyait bien qu'on n'avait » pas oublié à Lapalud que ce jour était la fête du roi » de France et par conséquent la sienne propre, d'au- » tant que tous les Bourbons ne formaient qu'une » seule et même famille, »

» Après avoir recueilli ces gracieuses paroles, M. le préfet et M. le général, prenant place dans la calèche qu'on leur avait préparée, se sont mis à la suite du convoi des voitures royales, et ont accompagné LL. MM. jusqu'à Pont-Saint-Esprit où les autorités du département du Gard étaient venues les recevoir. Dans ce jour de joie universelle, les habitants de Lapalud ont rivalisé d'émulation pour fêter de leur mieux un souverain issu du noble sang de nos rois, et l'on doit les plus grands éloges au maire de la commune qui a si bien secondé l'élan de ses admi-

nistrés (1). Malgré la foule dont les rues du bourg et
la grande route étaient encombrées, nul accident
n'est venu troubler l'allégresse que la présence de si
grands personnages faisait éclater dans tous les
cœurs. »

III.

SACRE DE L'ÉGLISE DE LAPALUD.

(21 juin 1827.)

Quoique l'église de Lapalud, comme toutes celles
qui ont reçu l'onction sainte, porte sur elle les marques vénérables de sa consécration ; quoique le souvenir de ce sacre soit rappelé aux paroissiens et aux
étrangers par une inscription monumentale qui en
retrace les principales circonstances, je crois devoir
le mentionner ici comme un fait glorieux pour ma
paroisse, d'autant qu'il s'est accompli dans des conditions qui lui donnent un caractère particulier d'in-

---

(1) Le maire d'alors était M. de Nally : il mérite ici une mention
honorable pour avoir administré longtemps et bien la commune de
Lapalud, qui lui doit en outre l'agrandissement de son église paroissiale.

térèt. Les événements, en effet, qui ne se détachent
pas en relief de la foule de ceux qu'on voit apparaître
journellement sur la scène du monde, l'histoire ne
s'en soucie pas ; mais ceux au contraire qui sortent
de l'ordre commun par quelque accessoire vraiment
digne de remarque, elle s'empresse de les enregis-
trer. Or, tel est le sacre dont il s'agit, car il a été la
première cérémonie de ce genre qui ait été accomplie
dans le département de Vaucluse après la révolution
de 1789. Et ensuite il a couronné l'agrandissement
de la vieille église des Templiers, agrandissement
toujours désiré des paroissiens, et souvent ajourné
pour des difficultés insurmontables.

Ainsi que le porte l'inscription précitée, ce fut
Mgr Etienne-Martin Maurel de Mons, archevêque
d'Avignon et pair de France, qui intervint dans cette
cérémonie. Quoique annoncée pour un jour ouvra-
ble, en une époque où les travaux des champs exi-
gent le plus de bras, elle attira néanmoins un nombre
prodigieux de paroissiens. Fidèle aux pieuses traditions de sa caste, M. le comte de Pontbriand, sous-
préfet d'Orange, autant pour honorer la religion que
le digne prélat en qui elle était en ce moment per-
sonnifiée, parut, en costume, à la tête du corps
municipal. Qui se serait en effet montré indifférent
à l'égard d'une pompe dont l'éclat allait rappeler les
gloires d'un autre âge ?... Quand l'évêque arrive à
la porte d'une église pour la visite pastorale ou pour
une fonction extraordinaire quelconque, il est d'usage

que le plus digne du clergé le complimente au nom
des paroissiens. Cet honneur, qui m'advenait moins
par le bénéfice de l'âge que par celui de l'ordre hiérarchique, je me gardai bien de le décliner, d'autant
qu'en parlant à notre prélat j'avais, d'un côté, à faire
valoir le zèle des magistrats et des fabriciens dans l'a-
grandissement de l'église, et que de l'autre, il me
fallait exposer les titres de celle-ci à la faveur insigne
dont le chef du diocèse allait la gratifier. Posé sur ce
dernier terrain, je disais à Sa Grandeur :

« Vous vous trouvez, Monseigneur, en ce moment
» auprès d'une église qui mérite, sous plus d'un rap-
» port, vos pastorales sympathies, car Lapalud était
» jadis la paroisse de prédilection des évêques de
» Saint-Paul-trois-Châteaux, sous les bannières des-
» quels elle avait milité pendant de longs siècles.
» Quand l'esprit, vivement affecté des tristes préoc-
» cupations du présent, veut se procurer un instant
» de calme, il s'élance avec joie dans les profondeurs
» du passé, et là, embaumé du doux parfum qu'exhale
» la poésie d'une époque de foi et de ferveur, il dépose
» le fardeau des déceptions contemporaines en se li-
» vrant au paisible travail d'une revue rétrospective.

» Mais pourquoi notre église était-elle en quelque
» sorte l'enfant chéri de ces nobles prélats ? c'est
» qu'ils avaient vu sortir de son sein une foule d'hom-
» mes distingués, dignes athlètes de l'Eglise de Dieu ;
» c'est qu'ils s'étaient associés de grand cœur à l'acte
» de munificence par lequel Jules II l'avait embellie

» d'un clocher monumental, Jules II, l'un des plus
» grands papes des temps modernes, qui, avant de
» ceindre la tiare, était apparu dans l'histoire comme
» premier archevêque d'Avignon ; c'est qu'enfin sous
» ce portique qui nous abrite ils venaient faire les
» honneurs de leur diocèse aux têtes couronnées qui
» en traversaient le territoire sans emprunter les
» formes équivoques de l'*incognito*. Il n'est donc pas
» surprenant que ces augustes prélats la tinssent en
» grande considération et lui donnassent des marques
» de bienveillance.

» Désireux comme vous êtes, Monseigneur, de re-
» nouer la chaîne des temps et de faire revivre du
» passé tout ce qui ne contrarie pas l'ordre des cho-
» ses actuel, reproduisez en notre faveur la bienveil-
» lance dont de saints pontifes nous avaient gratifiés.
» La bonté naturelle de votre cœur vous y porte déjà
» sans doute ; mais nous aimons mieux encore nous
» adresser à votre justice. La bonté peut faiblir quel-
» quefois, mais la justice demeure invariable. C'est
» avec l'espoir de voir se perpétuer de nos jours cette
» bienveillance séculaire qui faisait la joie de nos pré-
» décesseurs, que j'ai l'honneur de vous introduire
» dans mon église où votre présence va nous attirer
» les plus saintes bénédictions. »

Après une réponse gracieuse, le prélat y entra,
suivi d'un nombreux clergé, et ouvrit aussitôt la
cérémonie dont toute l'assistance suivit les minutieux
détails avec une respectueuse curiosité. Jaloux de

mêler à ce sentiment les douces émotions de la musique, le conseil de Fabrique avait fait venir de la
ville de Pont-Saint-Esprit des artistes distingués qui
exécutèrent des morceaux d'harmonie dans toutes
les intermittences du chant grégorien. Déjà beau en
lui-même, ce sacre ayant encore le mérite de la nou-
veauté, la presse départementale ainsi que celle de
Paris se hâtèrent d'en publier le compte-rendu pour
l'édification de leurs lecteurs. Dès ce moment, l'église
de Lapalud, qui n'avait que le renom d'une église
vénérable par sa vétusté, prit place parmi les basili-
ques mineures de ce diocèse : comme celles-ci elle
emprunte sa dignité moins des procédés de l'art qui
a présidé à sa construction, que des rites mystérieux
de la dédicace qui l'a placée si haut dans l'estime
des fidèles. « Admirable puissance de la religion !
s'exclame ici un écrivain catholique, quand elle met
la main sur l'enfant qui vient de naître, quand elle
verse l'eau du baptême sur sa tête, elle le purifie de
la souillure originelle ; quand l'homme est prêt à
quitter la vie, elle lui donne l'huile des mourants, et
l'âme chrétienne qui va partir est consacrée pour les
régions d'outre-tombe ! Eh bien ! aussi quand elle
touche la pierre de nos temples avec son saint
chrême, elle la rend assez sainte pour que la sainteté
même puisse s'y asseoir. »

IV.

INONDATION DU MOIS DE NOVEMBRE 1840.

ON sait déjà que cette inondation, la plus fameuse de celles dont l'histoire et les chroniques locales aient conservé le souvenir, fera époque dans la paroisse de Lapalud par les circonstances vraiment remarquables dont elle y a été accompagnée. Qu'on se figure d'abord la plus belle partie de notre territoire envahie par les eaux du fleuve et le bourg cerné de tout côté par l'élément liquide dont les flots courroucés venaient battre jusqu'au pied du rempart. Qu'on se figure ensuite cette foule de pauvres habitants sans asile, contemplant, mornes et inactifs, du sommet des arbres de leurs jardins ou des bords de cette mer improvisée, leurs toits écroulés, leurs champs submergés, leurs semailles anéanties, leurs provisions d'hiver et leurs meubles emportés, et que l'on dise s'il est possible d'imaginer une situation plus déplorable, plus digne de pitié ! Mon intention n'est pas de faire ici le narré historique d'une calamité sans exemple dans les temps antérieurs, d'autant qu'il existe sur ce sujet une excellente brochure

rédigée par un docte membre du clergé paroissial(1),
où se trouvent résumés les détails les plus propres à
piquer la curiosité de mes paroissiens. Je les invite
à lire cet opuscule, s'ils veulent avoir une notion
complète des maux qui affligèrent leur pays dans
cette douloureuse circonstance ; cette lecture, d'ailleurs, porte avec elle son utilité, car si, d'une part,
l'esprit est attristé par la vue des désastres qui ont
jeté l'épouvante, le deuil et la misère au sein de localités auparavant riches et heureuses, de l'autre le
cœur est consolé par le spectacle qu'ont offert le dévouement et la charité en ces jours de terribles
épreuves. C'est ainsi que Dieu tire le bien du mal,
et qu'il place les inspirations de sa miséricorde à côté
des châtiments qu'il inflige aux hommes, soit pour
les ramener à lui soit pour les avertir de sa colère.
Jamais les signes de cette colère n'aparaissent sans
compensation, et l'arc-en-ciel fut celui qu'il donna
autrefois au patriarche du déluge pour lui en faire
connaître la fin prochaine. Cependant il est un inci-
dent de cette scène de désolation auquel il m'est d'autant plus doux de donner de la publicité, qu'étant le
fruit de l'initiative cléricale, il rentre naturellement
dans le domaine de cette notice : je veux parler de
la cérémonie accomplie au moment de la plus grande
élévation des eaux, dans la pensée de remonter le

---

(1) M. l'abbé Bernard, actuellement curé de Sérignan.

moral des paroissiens prêts à se déconcerter en face
des dangers dont ils étaient menacés ; cérémonie qui,
par sa ressemblance avec celle exécutée à Marseille
d'une manière si grandiose lors de la peste de 1720,
réclame sous ce rapport une mention particulière.
Voici en quel termes s'exprimait, dans *la Gazette du
Midi* , à laquelle il collaborait, un jeune littérateur
étranger à notre localité, mais qui y résidait alors,
et fut ainsi témoin oculaire de l'événement (1) :

« Un drame imposant a marqué à Lapalud nos
»jours de désolation : notre vénérable curé, voyant
» la population découragée, prête à s'abandonner à
» son malheureux sort, s'est inspiré de cette foi vive
» et ardente qui animait M. de Belzunce pendant le
» cours de la peste, où son zèle éclata en prodiges
» de charité. Montant à la galerie du clocher gothi-
» que, *œuvre des papes d'Avignon* (2), il est apparu
» devant le peuple consterné, élevant le S. Sacrement
» vers le ciel, comme pour conjurer le fléau et de-
» mander à Dieu le terme de l'affliction publique ; et
» le peuple, prosterné sur les toits qui seuls parais-
» saient surnager au milieu d'un lac immense, s'élec-
» trisait à cette scène sublime et retrouvait tout à la
» fois l'espérance et la résignation. »

---

(1) M. Marius Rivière, neveu de M. de Plagniol, inspecteur de
l'académie de Nimes.

(2) Il faut sous-entendre : œuvre d'un pape qui a siégé à Avignon en qualité d'archevêque.

Chose étonnante et qu'on n'a pas de peine à croire cependant, quand on sait les élans de piété qui éclatent au fond des cœurs dans ces douloureuses cérémonies ! ici, comme à Marseille, le ciel se laissa toucher de compassion, car le lendemain une dépêche télégraphique, venue de Lyon, annonçait que le Rhône était rentré dans son lit, et que la Saône avait considérablement diminué : nouvelle d'autant plus heureuse, que les jours précédents ce fleuve et son affluent avaient encore grossi et faisaient craindre une forte recrudescence dans la marche du fléau.

V.

DISTRIBUTION DES DRAPEAUX A L'ARMÉE FRANÇAISE SOUS LE GOUVERNEMENT PROVISOIRE DE LA RÉPUBLIQUE. UN RÉGIMENT D'INFANTERIE DE L'ARMÉE DES ALPES REÇOIT LE SIEN A LAPALUD (JUIN 1848).

A la chute de la monarchie de Juillet, la France s'étant constituée en république, le Gouvernement provisoire, quelques mois après son installation, avait décrété la distribution de nouveaux drapeaux à notre belle et héroïque armée. Cette distribution se fit avec un pompeux appareil dans toutes les villes de garnison, ainsi que dans les pays où les diverses fractions d'un même corps de troupes pouvaient aisément se rassembler. Or, comme à cette époque l'armée des Alpes était déjà formée et que les régiments de ligne qui la composaient en grande partie se trouvaient échelonnés depuis Montpellier jusqu'à la frontière de l'Est, une heureuse combinaison de circonstances voulut que Lapalud fût désigné pour le rassemblement de deux bataillons voisins, dont l'un tenait garnison à Pont-Saint-Esprit et l'autre à Pierrelatte. De là l'avantage qui échoit en ce moment à ma faible plume de pouvoir noter ici, quoique étrangère à la religion, comme une belle journée pour notre commune, comme une journée digne de figurer sur les pages de sa chronique, celle qui la rendit témoin d'une pompe militaire dont elle fut entièrement redevable à ce qu'on appelle dans le monde *le jeu de la fortune et du hasard.*

Les deux bataillons dont je viens de parler, partis de grand matin de leurs garnisons respectives, arrivèrent de bonne heure au lieu du rendez-vous. Après quelques instants de repos, ils se rangent en ligne sur la promenade sise au milieu du bourg, que de beaux platanes couvraient d'un magnifique berceau de verdure. Là, sous cette voûte élastique où s'immergeaient les rayons du soleil, c'était plaisir de voir scintiller des milliers d'aigrettes lumineuses sur les pointes de fer qui hérissaient une double haie de soldats alignés en front de bandière. A l'opposite, sur le talus de la route impériale, se développait, en files parallèles comme sur les gradins d'un amphithéâtre, une foule compacte de spectateurs accourus de tous les pays voisins pour jouir d'une des premières fêtes de la jeune république. Ce fut des mains du général Régeau, commandant le département de Vaucluse, que le colonel du régiment reçut le drapeau national au nom du nouveau pouvoir que la France s'était donné ; et aussitôt après sa livraison, ce noble symbole de notre gloire militaire parcourut majestueusement le front de chaque bataillon aux sons d'une musique guerrière qui électrisait les cœurs.

Certes, on ne saurait en disconvenir, cette fête militaire fut belle ; mais combien l'aurait-elle été davantage si la religion avait pu y trouver place en appelant les bénédictions du ciel sur la France et sur ses valeureux enfants ! Car, comme l'observe un grand écrivain, *les cérémonies et les pompes civiles ne sont rien si elles ne se rattachent aux cérémonies et aux pompes de la religion,* c'est-à-dire si on n'a soin de les lier à la base inébranlable d'un culte sacré subsistant pour toujours. Telle est, selon la promesse du Christ, la religion de nos pères, tel est le culte catholique. Ce culte pur et sans tache établit un commerce habituel entre Dieu et les hommes.

« Cette religion divine, ajoute le même écrivain,
» comble l'espace immense qui sépare le ciel de la
» terre ; elle communique à toutes les pompes un
» sens mystérieux et sublime ; elle imprime à ses cé-
» rémonies cette gravité imposante et ce caractère

» touchant qui commandent le recueillement et le-
» respect ; elle lie les actions passagères des hommes
» à cet ordre de choses éternel, la source unique de
» toutes les consolations célestes et l'unique but de
» toutes nos espérances. Les arts eux-mèmes man-
» quent d'éloquence s'ils ne s'adressent à cet instinct
» moral et religieux, qui, dans l'homme, peut seul
» faire participer le cœur aux élans de l'imagination
» et aux conceptions de l'esprit. »

VI.

NOTABILITÉS CIVILES ET CLÉRICALES DE LAPALUD.

L'HISTOIRE d'une localité, à quelque faible propor-
tion qu'elle soit réduite, n'a pas pour but seulement
de raconter les événements qui sont à sa convenance
et de verser son petit contingent dans les volumineux
recueils de l'histoire générale, mais elle a aussi la
pieuse mission de préserver de l'oubli certains noms
que des talents, des vertus ou des dignités éclatan-
tes recommandent à l'estime de la postérité. Après
avoir rempli la première partie de ma tàche, il me
convient, avant de quitter la plume, il me convient,
dis-je, de m'occuper de la seconde. Ne voulant pas
ici donner la biographie des hommes distingués qui
sont sortis de Lapalud ou qui ont soutenu des rap-

ports intimes avec elle, je dois me borner à les rappeler d'une manière succincte, dans la pensée que
cette simple exhibition clorra dignement mon travail
et deviendra un sujet d'émulation pour les paroissiens
du présent et de l'avenir. Car l'homme a un pen-
chant inné pour les distinctions qui le séparent de
la foule, et surtout pour celles qui lui promettent une
place dans le souvenir des générations futures. Il
faudrait qu'il eût éteint dans son cœur l'instinct moral pour ne pas désirer que son nom survive à sa
chétive personnalité. C'était cette douce espérance
d'échapper à la mort par ce côté, comme par la plus
noble partie de lui-même, qui faisait dire à un célèbre poète de l'antiquité : *non omnis moriar, multa-
que pars mei vitabit libitinam*. Ainsi donc tous les
hommes aspirent à l'immortalité de leur mémoire,
lors même qu'ils auraient le malheur de la nier pour
la personne humaine. Grâce à cette noble aspiration,
une foule de noms, conservés dans la chronique
locale de chaque pays, ou à défaut traditionnellement
transmis d'âge en âge, sont devenus les éléments
obligés dont l'histoire compose ensuite ses listes de
notabilités civiles et cléricales. Voici celle qu'il m'a
été possible de dresser pour Lapalud. J'y donne le
pas à l'ordre séculier, parce qu'en faisant les honneurs de ma paroisse, la courtoisie m'oblige de faire
jouir de la préséance ceux qui, dans leurs fêtes de
famille, l'accordent au clergé avec une bienveillance
exemplaire dont mon cœur garde le souvenir.

Notabilités civiles anciennes.

1° FRANÇOIS DE MONTAIGU, des seigneurs de Lapalud, de Saint-Marcel et de Frémigières, au 16ᵐᵉ siècle.

2° LE COMMANDEUR DE LAPALUD, de l'ordre de Malte, frère du précédent. Il a été question de l'un et de l'autre dans le cours de cette notice.

3° HENRI DE NALLY. Il fut un des nobles gentilshommes qui, à la voix du légat d'Avignon, volèrent au secours de cette ville menacée d'une attaque formidable de la part des calvinistes (1).

4° PIERRE-FRANÇOIS DE NALLY, parent du précédent, chevalier de l'ordre royal et militaire de Saint-Louis. Lors du siége de Carpentras par les Avignonais, on lui déféra, à l'assemblée de Sainte-Cécile, le commandement supérieur des troupes que les communes du Comtat avaient levées pour la défense de leur capitale.

Notabilités contemporaines.

1° Le général comte JULLIEN, conseiller d'Etat, commandeur de la Légion-d'Honneur, préfet du Morbihan sous Napoléon 1ᵉʳ.

2° PROSPER DE JULLIEN, frère du précédent, aide-de-camp du général Bonaparte, tué en Egypte.

---

(1) Fantoni. — Istoria d'Avignone e del Contado Venesino, t. 1, p. 585.

3° FRÉDÉRICK DE JULLIEN, frère du précédent, officier de cavalerie, chevalier de Saint-Louis et de la Légion-d'Honneur.

4° AUGUSTE DE JULLIEN, frère du précédent, officier supérieur dans l'armée d'Egypte, mort de la peste à Rosette, universellement regretté de tous ses compagnons d'arme.

5° FRÉDÉRIC GRANIER, ancien maire d'Avignon, chevalier de la Légion-d'Honneur, membre de l'Assemblée législative en 1851-52.

6° AUGUSTE DE BEAUNE, membre de l'Assemblée législative, chevalier de la Légion-d'Honneur.

7° JEAN-BAPTISTE COUSTON, colonel du 13° de ligne, commandeur de la Légion-d'Honneur, nommé général de brigade par Napoléon III.

8° FRANÇOIS-JOSEPH-JÉROME MILLIET DE BALAZU, maire de Lapalud sous le consulat et l'empire. Sa famille parait être une branche de celle de Pons de Balazu, noble gentilhomme de Viviers, qui, de concert avec Raymond d'Agiles, de Saint-Paul-trois-Châteaux, rédigea le récit historique de la première croisade.

9° GEORGE-HYACINTHE DE NALLY, fils d'un chevalier de Saint-Louis. Il a administré la commune de Lapalud, en qualité de maire, pendant environ trente ans.

10° FRÉDÉRICK-EDMOND GAUTHIER, licencié en droit. Depuis quelque temps il se livre à l'étude de la philosophie de l'histoire, étude pour laquelle il a abandonné un office de notaire que sa famille possédait depuis plus de trois cents ans.

11° JEAN-ANDRÉ FARGIER, ancien conseiller d'arrondissement, dont les écrits et les essais agronomiques ont puissamment contribué aux progrès de la bonne culture dans cette contrée.

12° Joseph-Etienne de Plagniol, ingénieur des ponts et chaussées dans l'arrondissement d'Aix, père de M. Hippolyte de Plagniol, ancien inspecteur de l'académie de Nimes.

13° Jean-Baptiste-Martin Pradelle, licencié en droit, avocat près le tribunal civil de Montélimar.

14° Théodore Brézun, ancien inspecteur des contributions indirectes dans les départements du Morbihan et de l'Orne.

15° Pierre-Paul Nadal, inspecteur des postes, en retraite.

16° Jean-Antoine Chanabas, officier en retraite, chevalier de la Légion-d'Honneur.

17° Prosper-Auguste Couston, capitaine au 8ᵉ de ligne, chevalier de la Légion-d'Honneur, directeur de la colonie de Jemmapes (Afrique).

18° François Deydoux, chevalier de la Légion-d'Honneur, capitaine au 12ᵉ de ligne, en retraite à Verdun.

19° Nicolas Maucuer, professeur à Lyon de théorie industrielle.

Lapalud est en droit de revendiquer tous ces noms, sauf le sixième, par le titre de la naissance. Cependant, quoique né à Roquemaure, M. de Beaune nous appartient en quelque sorte, parce qu'il a habité longtemps notre pays, et que ses hoirs y possèdent encore le beau domaine de Maligeac.

Notabilités cléricales.

1° Bertrand de Pierrelatte, évêque de Saint-Paul-trois-Châteaux, déjà mentionné dans un article précédent. 13me siècle.

2° Pierre de Lapalud, patriarche de Jérusalem, déjà mentionné, de la même famille que le précédent. 14me siècle.

3° Jean de Montaigu, élu évêque d'Apt en 1494, et par conséquent contemporain du pape Jules II. Issu des seigneurs de Lapalud et de Frémigières, ce prélat naquit peut-être dans le vieux château de ce nom. Les habitants de Lapalud, dont il était le compatriote, entretinrent avec lui des rapports d'amitié et de bon voisinage, qui devinrent plus fréquents lorsqu'il fut nommé gouverneur du Comtat-Venaissin.

4° Jean de Lapalud,

5° François de Lapalud, l'un et l'autre abbés de Luxeuil au diocèse de Besançon. 16me siècle.

6° Autre François de Lapalud, évêque d'Héliopolis, envoyé en Orient par le pape en 1669 ; prélat doué d'un grand cœur et d'une vertu éminente, qui s'illustra par trente aunées de fatigues apostoliques dans les missions étrangères.

7° Enfin, le cardinal Julien de la Rovère, devenu pape sous le nom de Jules II, que nous notons ici, non comme originaire de Lapalud, mais pour le haut patronage dont il avait gratifié ce pays.

Ainsi, un pape avec quatre évêques et deux abbés crossés et mitrés, dont un seul d'entr'eux illustrerait plusieurs villes, voilà l'auguste pléïade qui du haut du ciel rayonne sur la paroisse de Lapalud. Quelque distingués qu'aient été ces prélats, Jules II s'élève au-dessus de leur tête de toute la hauteur qui sépare la mitre de la triple couronne. C'est pourquoi, si je voulais produire ce concept hiérarchique sous une forme saisissante, il s'en présenterait une dont la justesse est susceptible d'impressionner les imaginations populaires. A ceux qui aiment ces sortes de personnifications je dirais : Jetez les yeux sur ce clocher qui orne si pompeusement la façade de l'église, et vous verrez, dans cette grande flèche qui domine de la majesté de sa taille les quatre petites flèches dressées à ses côtés, une vive image de la suprématie papale à l'égard de toutes les autres dignités de l'Eglise.

Dans le clergé du second ordre on remarque les noms suivants :

1º Le prieur DE NALLY, docteur en théologie, curé de la paroisse de Lapalud sous Mgr de Simiane, évêque de Saint-Paul-trois-Châteaux.

2º Le prieur MILLIET DE BALAZU, docteur en théologie de l'université d'Avignon, curé de Lapalud sous Mgr de Lambert, évêque de Saint-Paul-trois-Châteaux.

3º JEAN GAUTHIER, contemporain du précédent, docteur en théologie et en droit-canon, chanoine de l'insigne collégiale de Saint-Didier d'Avignon.

4° Grégoire Giraud, curé-doyen de la ville d'Uzès, chanoine honeraire de Nimes sous Mgr de Chaffoi, évêque de cette ville (1).

5° Nicolas Girard, curé de Lapalud, prédicateur distingué, qui se fit remarquer à Arles lors de la mission donnée par les PP. Manson et de Ligny, jésuites, sous les auspices de Mgr du Lau, archevêque de cette ville (2).

6° Nicolas Marse, premier curé de Lapalud après le concordat. Prêtre d'un rare mérite, il présida le grand jubilé de 1804, qui ramena les habitants de ce pays aux pratiques religieuses délaissées durant les longs jours de l'impiété révolutionnaire, après quoi il fut nommé curé de Bollène par Mgr Périer, évêque d'Avignon.

7° Pierre Allemand, hélléniste et hébraïsant, curé d'abord de Gigondas et puis de Châteauneuf-du-Pape. Son meilleur titre à l'estime du public religieux c'est d'avoir popularisé *La vie édifiante de Mgr du Tillet*, évêque d'Orange (3), en fournissant aux érudits des copies du manuscrit original déposé en ses mains.

8° Léon Barnouin, ancien vicaire de Lapalud, premier supérieur du monastère de N. D. de la Cavalerie depuis son rétablissement. Doué d'une très-grande facilité pour la versification latine, après avoir chanté les funérailles de la cloche consulaire de cette paroisse, il a célébré en beaux vers le baptème du bourdon par lequel elle a été remplacée dans le clocher papal.

---

(1) Le frère du curé d'Uzès était en 89 notaire royal et apostolique dans la commune de Lapalud.

(2) *Vid.* les œuvres de ce prélat, publiées par M. Constant, curé de Saint-Trophime, 2 vol. in-8°.

(3) Cette vie a été écrite par M. Colombeau, de Gigondas.

Encore un mot sur le balcon du clocher, et je ter-
mine cet article. Restauré en 1840, ce balcon n'était
fermé, dans le principe, que d'une simple balustrade
en fer, ornée de quelques fioritures dans le goût de
l'époque. C'est de là, qu'en de rares occasions et durant les calamités publiques, on donnait la bénédiction au peuple et à la campagne pour écarter de
dessus la tète de l'un et la face de l'autre les épidé-
mies, les orages et autres fléaux du ciel. C'est de là
aussi qu'à l'époque de l'inondation du Rhône, alors
que notre territoire était envahi par les flots courroucés de ce fleuve, je fis une exhibition solennelle
du Saint-Sacrement, exhibition que Mgr l'archevêque approuva hautement en la rappelant dans son
discours de visite pastorale, et en ordonnant de la
consigner dans les registres paroissiaux. Pendant
les guerres de religion du 16me siècle, lorsque le
baron des Adrets vint mettre le siége devant Lapalud,
cette place étant tombée en son pouvoir, les soldats
saccagèrent l'église, et ayant détaché du balcon la
rampe qui lui servait de clôture, la jetèrent en bas
en proférant mille vociférations impies contre le culte

catholique. Avant la restauration de ce gracieux
accessoire de notre clocher, on ne s'était point douté
de son existence antérieure, parce que les souvenirs
traditionnels en étaient entièrement effacés ; mais
aussitôt qu'après une étude sérieuse j'eus découvert
la lacune, il me parut convenable de la faire disparaître en remplaçant la rampe en fer par une rampe
gothique en pierre, qui se trouve mieux en harmonie avec le style du monument.

Le soin de réparer les temples est un devoir qui
incombe aux corps administratifs que la loi a prépo-
sés à leur garde et à leur conservation. Mais ces répa-
rations, pour obtenir les suffrages du public éclairé,
doivent être aussi sagement conçues qu'habilement
exécutées, car on ne doit pas oublier qu'à côté de la
pensée de réparer se trouve souvent le danger d'in-
nover, qui est la cause la plus active de la dégrada-
tion de nos monuments religieux. Rien de plus malheureux que les essais tentés par nos architectes de
village, lorsque, voulant faire du nouveau sur un
édifice donné, ils abandonnent sottement la pensée
du fondateur pour y substituer celle d'hommes placés
en dehors de son point de vue. A bien prendre les
choses, une réparation n'est louable qu'autant qu'elle
se résume en une restauration qui implique le maintien de la forme primitive avec les améliorations
dont les progrès de l'art peuvent l'enrichir. La co-
ordination du moderne avec l'antique résulte d'une
loi universelle qui embrasse dans son domaine les

êtres *réels* comme les êtres *intelligibles* ; et cette loi
n'est autre que la loi de continuité suivant laquelle
rien dans l'ordre des idées, comme dans celui des
faits, ne s'accomplit par soubresauts absolus, quoique
l'apparence nous fasse souvent croire le contraire.
Qui ne voit en effet que toutes les parties du monde
matériel, à l'instar de celles du monde intellectuel,
s'enchaînent entr'elles par des liens que notre esprit
limité n'aperçoit pas toujours? Mais ce défaut de sa-
gacité ne nous donne pas le droit de contester l'existence de ces liens que la raison démontre *à priori*
en les faisant dériver de la nature même des choses
et de leur nécessité relative. Ainsi, en la matière qui
nous occupe comme en celle de la spéculation philosophique, le seul procédé raisonnable se réduit à
trouver le nouveau dans l'antique et à le faire jaillir
des profondeurs de celui-ci. Tout travail exécuté sur
les édifices anciens, en dehors de cette condition,
bien loin d'être une réparation est un véritable
vandalisme.

CONCLUSION.

Tels sont les faits dignes d'intérêt que j'ai pu recueillir sur la paroisse de Lapalud. Il serait vraiment
à souhaiter que dans chaque localité les hommes
instruits s'occupassent à en compulser les archives,
afin de retirer du milieu de la poussière où ils sont
ensevelis les documents relatifs à l'histoire politique
et religieuse de notre province ; mais un tel dévouement devons-nous l'espérer par le temps qui court ?
Ce serait, en effet, un merveilleux contraste avec
l'esprit de notre époque, tout absorbé dans les intérêts matériels ; cependant il ne faut pas désespérer
que des âmes d'élite, comme les membres du clergé,
se prennent enfin d'une belle passion pour le culte
du passé. Nul mieux qu'eux n'est en position de donner de longues heures à des études consciencieuses.
Qu'ils emploient donc leurs moments de loisir à faire
des recherches dans le champ inexploré de l'histoire
locale ; qu'ils se rendent habiles à lire les vieilles
chartes et à faire des extraits de leur contenu ; après
cela, qu'ils condensent dans des livres ou des bro-

chures les matériaux accumulés sous leurs mains :
ces productions, surtout si elles sont bien conçues et
sagement écrites, trouveront bon accueil auprès des
nobles esprits toujours disposés à favoriser les progrès dans tous les genres. Le désir de connaître et
de savoir gagnant ensuite de proche en proche, soit
vanité, soit amour du nouveau, soit simple sentiment
de curiosité, l'œuvre sera lue ; et ce n'est jamais
vainement que l'homme, quel qu'il soit, se plonge
dans les eaux vives du beau, du vrai et de l'utile.
Qu'importe que ce soit le hasard qui l'y jette s'il s'y
retrempe en les touchant ?

FIN.

NOTES.

I.

JEAN DE NICOLAÏ, ÉVÊQUE D'APT.

JEAN DE NICOLAÏ a été l'un des protecteurs les plus renommés de la paroisse de Lapalud ; il importe donc à ses habitants d'avoir une exacte connaissance de ce personnage qui exerça des fonctions éminentes dans le Comtat-Venaissin sous le gouvernement papal.

D'abord chanoine de Viviers, il paraît avoir été appelé à la prévoté tricastine sous l'évêque Antoine de Lévi de Château-Morand, neveu du cardinal de Tournon ; et d'autant que ce prélat était fixé à la cour de France à raison de ses emplois, il dut naturellement confier la direction de son diocèse à Jean de Nicolaï qui, étant l'obligé de sa famille, jouissait auprès de lui d'une entière confiance.

On a déjà vu, dans le cours de la présente notice, que ce prévôt, à l'exemple de ses prédécesseurs, était venu à Lapalud pour officier à la fête patronale de S. Pierre ès-Liens. Le motif d'une si grande faveur se déduit de ce que cette paroisse reconnaissait pour curé primitif le chapitre de Saint-Paul-trois-Châteaux, et qu'à ce titre elle lui fournissait la plus riche dixmerie du diocèse. Ainsi l'intervention prévotale, en pareil cas, avait un objet complexe : d'abord l'exercice d'un droit juridictionnel, et puis un acte de courtoisie que les capitulants tricastins étaient tenus de remplir en contemplation des redevances que les habitants de Lapalud payaient à la mense de la cathédrale ; car il va sans dire que ceux-ci ne se seraient pas soumis à la charge de ce tribut annuel si la vénérable compagnie avait manqué d'envoyer ses délégués pour contribuer aux pompes de la fête votive.

Jean de Nicolaï ne resta prévôt du chapitre de Saint-Paul que quelques années, après lesquelles il fut nommé évêque d'Apt. Ce fut au commencement de son épiscopat que le pape le nomma vice-légat d'Avignon, sous l'autorité du cardinal de Clermont, investi des prérogatives de la souveraineté. Dans le bullaire des privilèges du Comtat, imprimé à Carpentras, sous le format in-4°, Jean de Nicolaï est mentionné à propos d'une délégation de pouvoirs faite par le même cardinal en faveur d'un dignitaire qui devait remplacer l'évêque d'Apt pendant tout le temps que durerait son absence. Cette délégation porte la date de 1526. A cette époque, le Comtat était gouverné par un cardinal avec titre de Légat, lequel avait sous ses ordres un prélat d'un rang inférieur qui administrait en qualité de lieutenant-général du légat ou de vice-légat. Jean de Nicolaï est qualifié dans cet acte de *Reverendus Pater Dnus Johannes Nicolaus*, *utriusque juris Doctor electus Aptensis , per anteà memorati reverendissimi dni Legati , locum tenens generalis.* Il paraît par là qu'il n'était encore qu'évêque nommé d'Apt.

Jean de Nicolaï avait un neveu portant le même nom que lui et résidant à Avignon sous la légation des cardinaux de Bourbon et d'Armagnac. Après avoir été chanoine de la cathédrale de cette ville , ce neveu devint auditeur de Rote, poste où l'appelaient naturellement les profondes études qu'il avait faites dans le droit civil et le droit canon. Loys de Perussis le compte parmi les nobles personnages de son époque qui, pendant les troubles causés par les guerres de religion, rendirent au Comtat et à l'Eglise des services signalés. Ainsi que son oncle, il avait donné ses sympathies à la paroisse de Lapalud. Fantoni parle de lui en termes élogieux et le cite comme ayant été membre du Conseil de ville d'Avignon, alors que la province était en proie au fléau d'une affreuse anarchie. Ce même écrivain ajoute que ce dignitaire avait publié en 1554 un manuel des attributions du légat (1), dans lequel il fait allusion aux fêtes magnifiques qui eurent lieu dans cette ville pour la réception solennelle du représentant du Saint-Siége. Dans l'endroit de son livre où il évoque ce souvenir, on remarque le passage suivant : « Toutes ces prérogatives d'un légat » qui arrive dans sa résidence, dit-il, je les ai réunies » ici pour que les personnes peu versées dans le droit » et les coutumes ne blâment pas et ne taxent pas de

_____

(1) Enchiridion facultatum Legati.

» nouveautés ce qui a été fait avec l'applaudissement
» du public éclairé à l'arrivée de notre très digne et très
» excellent légat, Alexandre Farnèse, cardinal de la
» sainte Eglise romaine. »

A l'égard de la nomination de Nicolaï comme auditeur de Rote, voici ce que le même Loys de Pérussis
rapporte dans sa chronique : « Le 16 mai, dit-il, le car-
» dinal d'Armagnac fit publier dans Avignon une bulle
» pontificale qui établit dans cette ville une nouvelle
» Cour de la Rote, calquée sur celle qui existe à Rome.
» On y nomma pour auditeurs Guillaume Le Blanc,
» chancelier de l'université, Jean de Nicolaï, Jean Va-
» lence, Antoine Parisis et Elzéar de Cadenet, auxquels,
» outre les épices accoutumées, il fut permis de prendre
» cinq pour cent des parties succombantes, un écu pour
» chaque bulle bénéficiale, et trois sous pour chaque
» cartel. Ce cardinal leur fit dresser à ses dépens un
» grand et beau prétoire, en forme ovale, dans la salle
» d'audience du palais, peint et enrichi de plusieurs do-
» rures, comme aussi une autre salle et quelques cham-
» bres, où ces magistrats pussent plus commodément
» examiner les affaires et régler les procès. »

Le même chroniqueur raconte comme quoi, lorsqu'il
fut reçu chevalier, Nicolaï était au nombre des personnes
invitées à la cérémonie : « Le 8 septembre 1568, jour
» de Notre-Dame, dit-il, je reçus l'Ordre de Cavalerie
» du pape Pie V, que le cardinal d'Armagnac me con-
» féra dans la chapelle du palais, assisté de trois che-
» valiers de l'Ordre du Roi. Sainte-Jaille me ceignit
» l'épée; Cornelio de Fiesque et Trivulce, La Baume
» des Achards et Jonas Anselme me donnèrent les épe-

» rons ; Orsan, viguier, Agard et Flandrin, juges, Gas-
» pard de Ponte, vice-gérent, le président de Panisse,
» les auditeurs de Rote Parisis, de Cadenet, Valence et
» Nicolaï y assistèrent. » C'est à quoi se bornent les
détails que j'ai pu me procurer sur ce neveu de l'évêque
d'Apt, qui, comme son oncle, mérite à tous égards d'être
signalé au bon souvenir des habitants de Lapalud, heureux sans doute de rencontrer ici une occasion de faire
acte de reconnaissance ; car cette vertu, comme l'espérance, ne s'arrête pas au moment présent, mais toutes
deux, au contraire, franchissent les étroites limites du
temps et de l'espace, avec cette seule différence que l'une
tend en avant pour saisir l'objet de ses aspirations, et
que l'autre tend en arrière pour embrasser celui de ses
réminiscences.

Jaloux de mieux faire comprendre à mes paroissiens
le mérite du premier Nicolaï, je produirai ici quelques
fragments de la lettre que lui écrivit le cardinal de Sadolet, évêque de Carpentras, pour le féliciter de la nouvelle chaire qu'il venait d'établir en l'université d'Avignon. On sait déjà que le prélat aptésien était vice-légat
dans cette ville, et qu'à la même époque le protestantisme
avait commencé à jeter ses brandons de discorde au sein
de l'Eglise de Dieu. Or, comme à leur début les chefs
de ce nouveau culte se flattaient de puiser leurs arguments, à l'encontre des catholiques, dans les écrits de S.
Paul, il parut convenable de les prémunir contre ce
piége, en leur faisant voir que le sens de l'Apôtre était
bien différent de celui qu'avaient imaginé les partisans
de la Réforme. De là le besoin d'un enseignement public
pour l'explication des Epitres de S. Paul, besoin auquel

Nicolaï s'empressa de satisfaire par l'appel d'un professeur distingué, dominicain d'institut et italien d'origine, qui s'acquitta de son emploi au gré de ses nombreux. auditeurs. Ce fut pour complimenter le prélat de cette heureuse amélioration dans les études cléricales que le cardinal lui écrivit la lettre en question, dont voici les principaux passages (1) :

« Je voudrais qu'il me fût permis de vous exprimer tout ce que j'ai éprouvé de joie en apprenant que, grâce à vous et aux évêques qui résidez en ce pays, d'après le vœu et les conseils de notre illustre légat, l'usage s'est établi d'expliquer en public les Epîtres de S. Paul; et, qu'entraînés par le zèle dont il est animé envers ces productions immortelles autant que divines, vous vous réunissiez en grand nombre afin de le seconder dans un projet aussi utile à la sainte Eglise. Car, chrétien, je n'ai rien de plus à cœur que la gloire de Dieu, et comme elle m'est plus chère que ma propre existence, il est bien juste qu'à ce titre je permette à mon âme de s'abandonner aux élans d'une vive allégresse. En effet, rien n'honore plus la majesté du Créateur, rien ne donne plus d'éclat à sa bonté infinie que de garder le souvenir de ses bienfaits envers nous ; ils sont grands et multipliés sans doute ceux dont le genre humain lui est redevable, mais en ce qui touche la foi de Jésus-Christ et cette divine adoption par laquelle nous sommes constitués enfants de Dieu, et, comme tels, appelés à l'héritage céleste, il y a là quelque chose de si sublime, que nulle

_____

(1) Epist. Sadoleti, t. 1, p. 407.

pensée terrestre ne peut comprendre le prix de ce bienfait dont S. Paul nous développe la merveilleuse éco-
nomie.

» Si je passe actuellement à l'éloge de notre illustre
légat, c'est que j'éprouve le besoin de lui souhaiter une
gloire aussi grande que possible, et ce vœu je le fais
dans toute la sincérité de mon cœur. Quoi de plus digne
de lui et de plus conforme à la noblesse de son esprit,
à l'éminence de sa place, à l'éclat de son origine, que
d'avoir procuré à son peuple un si grand bien, et de se
montrer envers lui animé d'une telle bienveillance que,
non content de le protéger par sa puissance, de le gou-
verner par ses conseils, de le maintenir dans la paix et
le devoir par son autorité, il s'efforce encore de le rendre heureux à jamais en le mettant en voie de posséder
les biens du ciel après lui avoir prodigué ceux de la
terre ? Que de titres à notre admiration ! Quel sujet de
louanges si l'on voulait aborder le panégyrique d'un
aussi grand prince ! C'est par de telles actions que l'on
révèle la grandeur de ses pensées et l'excellence de son
caractère ; c'est par là qu'on se montre vraiment digne
des grâces et des faveurs dont Dieu et les hommes se
plaisent à nous gratifier.

» Pour vous, mon cher Nicolaï, comment pourrai-je
faire votre éloge ? Je voudrais pouvoir exprimer tout ce
que je sens pour vous. Je connais votre justice et votre
probité, la piété qui vous anime, les affections de votre
cœur et les talents qui vous distinguent ; je n'ignore
pas combien vous excellez dans la science des lettres, et
j'admire que, malgré les soins et les embarras qui vous
occupent, vous trouviez encore le temps de vaquer aux

études serieuses... Je voudrais pouvoir dire tout ce que
je pense au sujet de vous et de vos rares qualités,
mais votre modestie me le défend, et votre mérite est
au dessus de tout éloge et de toute éloquence.

» Quoique ce ne soit pas d'aujourd'hui ni faiblement
que vous vous appliquez à la culture des bonnes lettres,
mais que depuis longtemps, au contraire, vous y êtes
livré tout entier, cependant, par cela seul que vous
venez de prendre à tâche de mettre en honneur et de
faciliter l'étude du grand docteur, de celui qui proclame
avec tant d'éloquence les grandeurs de notre Dieu, vous
m'êtes tellement devenu cher, que mon amour pour
vous, nourri et fortifié dans la pratique d'une vieille
amitié, me paraît à cette heure imprégné des douceurs
d'une tendresse nouvelle. C'est pourquoi je vous en aime
chaque jour davantage. Quant à nos vénérables collègues, vos égaux en gloire et mes maîtres en toute sorte
de vertus, je les estime et vénère autant que j'en suis
capable et non autant qu'ils le méritent, eux qui se sont
associés avec vous pour une si belle entreprise, et qui
la poursuivent du même zèle dont ils s'attachent à l'objet
le plus digne de leurs affections. Ils éprouveront, n'en
doutez pas, s'ils persévèrent dans ce dessein, toute la
joie et la satisfaction qu'un cœur honnête a droit d'espérer d'une bonne action, et trouveront dans l'estime des
hommes la plus douce récompense. Je ne puis que féliciter la ville d'Avignon; car si ces précieuses études,
soutenues du crédit de tant de grands hommes, viennent à prendre de la consistance, elles ne contribueront
pas moins à sa gloire qu'au développement intellectuel
de ses habitants. »

Sadolet décrit ensuite les fruits heureux que l'on doit attendre des bonnes études, les avantages que la société peut en retirer : « Elles ramènent, dit-il, l'homme au sentiment de sa dignité et lui rappellent les titres de gloire dont il avait perdu l'idée dans les soins vains et inutiles d'une vie purement matérielle. » Enfin il désire que le légat s'emploie activement, et fasse tourner l'influence que lui donne sa haute dignité à faire disparaître les abus qui se sont glissés dans la distribution de la justice, qui est le premier besoin de l'état social. Il montre à ce prince la gloire dont il se couvrirait aux yeux des bons citoyens en travaillant à rendre à l'action des lois toute son énergie, dans l'intérêt des particuliers comme dans celui de la société elle-même. « Quoi donc, dit-il, ne convient-il pas de faire tous nos efforts pour que celui que nous chérissons tous jouisse encore de cette nouvelle gloire et agrandisse la sphère de sa renommée ? Pourquoi nous, ses amis intimes et ses partisans dévoués, ne lui signalerions-nous pas d'abord ce qui tend à le faire monter vîte et haut dans l'estime publique, ce qui sera un sujet de louanges pour tous, ce qui fournira une preuve irrécusable de son zèle et fera bénir sa mémoire ? Quoi donc ! souffrira-t-il qu'un autre se mette en possession de ce bien et lui ravisse cet honneur ? Aurait-il donc réuni en lui tant de génie, de vertus et d'illustration, pour se laisser enlever ce précieux avantage ? et voudrait-il, en laissant échapper une si belle occasion, se montrer inférieur à lui-même et faire preuve d'un moins grand caractère que ses prédécesseurs ? non, je ne le pense pas. Quant à moi je ne manquerai pas, quand j'irai le voir, de le prier

avec instance de donner ses soins à un objet si digne
de ses sollicitudes. Au reste, mon cher Nicolaï, vous qui
êtes si avant dans son amitié, vous dont il escompte le
zèle et la probité au profit des affaires administratives,
vous qui, par votre amour et votre fidélité, avez su cap-
tiver sa confiance, travaillez, je vous prie, et faites vos
efforts pour que notre commun patron ajoute encore ce
nouveau rayon à l'auréole de sa gloire. Peut-être trou-
verez-vous que je suis plus long qu'il ne faut; mais je
vous prie de m'excuser en songeant que ma première
pensée a été simplement de vous féliciter, car je ne pou-
vais maîtriser la joie que j'avais conçue au sujet de ces
explications publiques de S. Paul. Après cela j'ai été
entraîné à vous écrire le reste, dans l'intérêt même de
notre légat et du peuple comtadin que j'aime de tout
mon cœur. S'il y a quelque excès de ma part en tout
ceci, j'espère de votre bienveillance que vous le pren-
drez dans un bon sens ou que vous m'absoudrez de mon
erreur. Je finis en vous protestant que mon amour et
mon estime pour vous, loin de subir la moindre altération, prendront de jour en jour une nouvelle activité.
Adieu. Carpentras, le 7 des kalendes de juin 1531. »

La lettre qu'on vient de lire, comme toutes celles de
Sadolet, est parfaitement écrite, d'autant qu'elle respire
d'un bout à l'autre la plus pure latinité. On y remarque
surtout la tournure adroite qu'il emploie pour exciter
le légat à réformer les abus de l'administration de la
justice dans les tribunaux du Comtat-Venaissin. Mais
si elle est irréprochable quant à la forme, elle ne l'est
pas également quant au fond où rien de saillant ne vient
éveiller votre attention. Vous n'y rencontrez, en effet,

aucune de ces idées générales qui naissent sous la plume des grands écrivains, lesquelles, en descendant dans l'esprit, s'emparent de lui et le forcent à se les assimiler de manière à devenir partie intégrante de sa propre substance. Toutefois je dois reconnaître que, quoique au point de vue philosophique cette lettre ait une médiocre valeur, elle a cependant un mérite particulier à mes yeux : c'est que les détails qu'elle contient mettent en relief le noble caractère de celui qui l'a écrite et de celui à qui elle était adressée. Voilà la raison pour laquelle je l'ai insérée ici presque en entier ; car la note qui fait la matière de cet article ayant été rédigée en vue de bien faire connaître l'un de ces personnages, elle n'aurait pu remplir ce but pleinement si elle n'avait ouvert son cadre au texte même de l'épître de l'autre.

II.

PROSPER DE JULLIEN.

Napoléon causant un jour avec le docteur O'Méara, son médecin, sur l'expédition d'Egypte, parla avec éloge de Prosper de Jullien, son aide-de-camp, lequel fut assassiné par un parti d'Arabes, alors que cet officier allait porter à l'amiral Brueys un ordre important du général en chef. Cette réminiscence impériale en faveur de Pros-

per de Jullien est une sorte de consécration historique
qui sauve son nom de l'oubli et le place sur un trans-
parent éclairé par les rayons de gloire du grand homme.
— Voir les *Mémoires* du docteur O'Méara, annexées au
Mémorial de Sainte-Hélène. — Mme Ida Saint-Elme,
connue sous le nom de la *Contemporaine*, déclare dans
ses *Mémoires* avoir trouvé au Caire la tombe de ce brave
tué en Egypte, comme on vient de le dire, pendant le
cours de l'expédition. Cette tombe, sans aucun appareil
extérieur, se trouve dans un coin du jardin de l'hôtel
du quartier franc, contre une espèce de palissade formée
par une haie vive. Madame Saint-Elme y cueillit une
fleur qu'elle a classée dans son herbier des souvenirs, et
qu'elle a nommée fort à propos *Fleur d'oubli*, pour faire
allusion à l'espèce d'isolement où sont demeurés les res-
tes précieux du guerrier dont Napoléon estimait la bra-
voure. Des renseignements inexacts avaient d'abord fait
croire que c'était la sépulture du brave chef de brigade
Pinde ; mais Mme Saint-Elme pense, avec toute sorte de
raison, que c'est celle du brave Prosper de Jullien, dont
le nom figure, avec celui de ses frères, dans les fastes
de l'armée d'Egypte. L'intrépide voyageuse, toujours
fidèle au culte de la gloire française, suspendit une branche de laurier sur la tombe du héros vauclusien, pour
témoigner de sa sympathie et de son admiration.

III.

DEUX clochers de forme très-diverse ont successivement couronné la façade de notre église avant la construction du campanille moderne. D'abord, le clocher des Templiers qui, comme celui des chapelles rurales, était formé de deux jambages unis par un arceau sous lequel se balançait la petite cloche du monastère; puis, le clocher paroissial du 12me ou 13me siècle, d'une facture plus compliquée que celle de son devancier : c'était un mur solidement bâti en pierres de taille, élevé de plusieurs mètres au-dessus de la toiture, terminé en pointe au moyen de deux pans coupés, et percé dans le milieu de deux larges ouvertures pour y installer les cloches (1). Ce mur, figurant un triangle équilatéral, avait pour support un avant-corps de maçonnerie pourvu d'un escalier à limaçon où l'on arrivait par la tribune de l'intérieur de l'église, dont l'effet est si déplorable au point de vue architectonique. Avec cette donnée, la tribune et le massif de la façade ne sont plus pour nous une énigme indéchiffrable, et il est bien reconnu aujourd'hui que la première est contemporaine de l'autre, et que celui-ci

---

(1) Cette forme de clocher, dont celui de Taulignan offre un beau *fac-simile*, se voit encore dans beaucoup de localités de nos contrées.

n'a été adossé à la même façade qu'après coup, puisqu'il en masque les deux fenêtres gothiques dont les vestiges subsistent encore. A l'égard du campanille actuel, il faut dire en passant que, quand la bâtisse en fut finie, on y suspendit les cloches à un beffroi ; mais plus tard, à raison de leur peu de sonorité, on jugea à propos de les mettre aux fenêtres : c'est ce que témoigne l'inscription qu'on lit sur une des faces intérieures de la flèche, conçue en ces termes : *Les cloches ont esté mises aux feincitres le 16 juin 1640.*

FIN DES NOTES.

TABLE DES MATIÈRES.

Faits contemporains.

Carpentras. — Impr. de L. Devillario.

www.ingramcontent.com/pod-product-compliance
Lightning Source LLC
Chambersburg PA
CBHW060431090426
42733CB00011B/2232